ブラック企業に負けない

NPO法人POSSE 今野晴貴・川村遼平＝著

旬報社

はじめに

「はたして正社員で就職すれば本当に安心なのか？」。「ブラック企業」という問題が世に問うているのは、この一言である。二〇〇〇年代は若者にとって苦難の時代であった。就職ができず、ハケンやケイヤクといった非正規雇用になる若者が急激に増加し、大きな社会問題になった。

非正社員にひとたびなれば、正社員になることは難しく、低賃金・不安定な仕事に一生従事するしかないと言われる。学校現場では、正社員と非正社員の生涯給与のグラフを作成し、「フリーターになるとこんなに損をする」と迫る、脅迫型の教育が広がった。だが、望めば誰でも正社員になれるわけではない。就職活動による競争は苛烈となり、正社員に就職することは若者の悲願となった。

「ブラック企業」の恐ろしさは、この背景を踏まえれば十分わかるだろう。この言葉は、今度は正社員の中身が劣化し、若者に襲いかかってきていることを警告しているのである。

私は二〇〇六年、法学部在学中に、若者の労働相談を受けるＮＰＯ法人「ＰＯＳＳＥ」（ポッセ）を立ち上げた。法律や制度の活用によって、今の若者の状況を少しでも改善できないかと考えたからだ。以来、一〇〇〇件を超える労働相談にかかわってきた。これらのなかで見えてきたことは、正社員の若者からの労働相談は非正規雇用のそれに負けず劣らず深刻だという事実である。

競争に勝ったはずの若者が、実は使い捨てられている。正社員の雇用は昔のように安定したものではなくなっているのだ。非正規雇用か正社員かを迫る競争は、「何でもいいから正社員にならなければいけない」と若者を追い込んでいる。こうした若者の気持ちを逆手にとって、きわめて劣悪な「正社員」雇用を活用する企業が珍しくなくなった。わらにもすがる思いで就職した先で、異常なまでにきつい労働に従事させられる現実がある。次々にうつ病にかかり、自殺者も増加している。

ブラック企業問題とは、すぐれて「正社員の問題」である。就職活動に勝ち抜いた若者が、今度はその先で行き場を失っている。「自分が内定をもらった企業はブラック企業ではないか」と心配し、私たちのところに相談に来ることも珍しくない。だが、ブラック企業はどんなに見分けても、必ずしも避けられるものではない。就職先が限られているうえに、ブラック企業の割合が大きすぎるのだ。

本書は、POSSEがこれまで受けてきた労働相談を元に、正社員にはどんなトラブルが待ち受けているのか、そして正社員になったあとの若者のキャリアをどのように守ることができるのかを考えていく。ブラック企業は「入った後」が肝心なのである。対応を誤ると、病気にされ、使い捨てにされ、キャリアを棒に振ってしまいかねない。

これまで受けてきた労働相談からは、「ブラック企業」が共通の違法行為のパターンをもっていることがうかがわれ、業界での「常識」を形成していることが疑われる。

POSSEでは、これらの相談に若い大学生や社会人が当たってきた。一人ひとりの相談に対して、できるだけの解決を模索してきた。本書で紹介するブラック企業の手口とその対処法、考え方は、まさに同世代の若者が、自分たちの問題として雇用問題に向き合ってきた経験である。ぜひ多くの方と共有し、本書が若者のキャリアを守る一助となれば幸いである。

今野晴貴

ブラック企業に負けない◎目次

1 ブラック企業の人間破壊システム

就職難のいま、大手一流企業に就職した者は「勝ち組」と称賛される。しかし、入社してからわずか数か月後に、うつ病を患って会社を辞める。再就職先も決まっていないどころか、まずは療養から始めなければならない。こんなケースは、まったく珍しくなくなっている。

一体、いまの若者の職場で何が起きているのだろうか。新入社員はどのようにして壊されていくのだろうか。まずはブラック企業の実態を知るところから始めよう。

一年も経たずに追い出される若者たち

川名良仁（登場人物はすべて仮名）は、毎日二時間以上拘束されては叱責を受けていた。「お前は信用されていない」。「人間として根本的におかしい」。「自分史を書いてこい。生まれてから何をしてきたのか考えろ」。「価値観を変えないとだめになる」。以上はすべて上司の言葉である。こうした面談は、川名の会社では「カウンセリング」と呼ばれている。彼を知る同僚は、川名が泣きそうな顔で呆然と座っているのを見かけた。カウンセリングを受けてからの彼は、しだいに自信を失っていくように見えたという。そして、二〇〇九年七月、彼はついに自主退職を選択する。前年の九月に入社してから、一〇か月しか経っていなかった。

野田裕貴もまた、川名と同じく、二〇〇八年に入ったばかりの新入社員だった。彼は「社長アシスタント」とは名ばかりの雑用係に任命され、社長の出迎え・カバン持ち・副社長のペットの散歩を命じられた。一日五時間の仕事を抱えながら、社長や副社長に呼ばれれば深夜であろうが急いで駆けつけ、これらの仕事をこなしていた。配属されて二週間が過ぎた頃、「気がつかえない。おもしろくない」と評価されるようになる。「なぜおもしろくない」のかと数時間にわたって問い詰められ、「コンサルタントで採用されたことを引きずっている」と、プライドやこだわりを捨てるためにグレー無地のジャージで出勤・勤務するよう命じられる。長時間に及ぶ残業と社長・上司のパワーハラスメントに追いつめられた野田は、別部署の同僚の目にも明らかなほど「痩せて顔色が悪かった。顔がひきつっていた」。それにも耐えていた彼を最終的に追いつめたのは、執行役員から「原田（野田の同期）を辞めさせろ。もしそれができないなら、お前が辞めろ」と要求されたことだった。社長からも、「真剣にやっていないなら辞めろ」と面詰される。結局、配属三か月後に自主退職した。

彼らが勤める都内の大手ITコンサルティング企業は、学生にとって憧れの就職先だ。一〇〇〇人近い社員を擁し、成長率も業界屈指。業界の関係者であれば名前を知らない者はいない。だが、会社の名前をグーグルで検索すると、関連するキーワードの筆頭に「ブラック」と出てくる。事実、この会社からはPOSSEに一〇件近い相談が寄せられている。これが、この会社のもう一つの顔だ。相談者からの聞き取りを通じて、大手のブラック企業で何が起きているのかが見えてきた。

研修が終わる頃、すでに人格は破壊されている

人格を傷つけるような暴言。深夜も構わず呼びつけてペットの散歩をさせる傲慢。こうした無理がまかり通るのは、社員が「何を言われても上司には絶対文句を言わない」という社内の特殊な価値観を強固に内面化しているからにほかならない。だから、会社の外にいる人間が見れば「おかしい」と簡単に気付くことであっても、会社の中では見えなくなってしまうのだ。しかし、就活のいわゆる「勝ち組」である彼らは、もともと「大人しい」人や「自己主張が苦手」な人は少数だ。そんな彼らが、会社にたいしては絶対に文句を言えないように教育されるのである。

その試みは、すでに入社式から始まっていた。入社式で壇上に立った人事部執行役員は、こう口火

を切った。「お前たちはクズだ」。どこかの熱血学園ドラマではない。大真面目に、いかに新入社員が「クズ」なのかをとうとうと語ったのである。

「お前たちはクズだ。異論はあるだろうが、社会に出たばかりのお前たちは何も知らないクズだ。その理由は、現時点で会社に利益をもたらせるヤツが一人もいないからだ」。

「営利団体である企業にとって赤字は悪だ。利益をもたらせないヤツが給料をもらうということは悪以外の何物でもない。だから、お前たちは先輩社員が稼いできた利益を横取りしているクズなのだ」。

「クズだから早く人間になれ。人間になったら、価値を生める人材になり、会社に貢献するように」。

「利益を出さない者は人間にあらず」。このテーゼを絶対真理として内面化させるプログラムが、新人研修だ。新入社員たちは膨大な課題を課される。徹夜もまれではなく、あるときは終業時間の一時間後に翌朝提出の課題を与えられ、研修施設が閉まってから同僚の家に集まって不眠不休で仕事をこなし、そのまま翌日の研修を迎えるということもあった。どんなに無理難題であっても、「課題をこなせない」ということは決して許されない。新入社員は数人単位のチームに分けられ、チームの構成員は連帯責任を負う。一人が課題を提出できなければ、チーム全員が制裁を受けることになっていた。ある若手社員によれば、研修期間中の平均睡眠時間は三時間にも満たなかった。

おそらくこのような肉体的な追いつめにもまして効果を発揮したのが、先輩による精神的な圧迫だ。一年前に入社したばかりの教育担当は、執拗に「新入社員はコストである」ことを繰り返した。「新入社員は赤字であり、会社にとってコストだ。先輩社員の時間を取ることはコストを増やすことだ。コストを増やすことがないように」。

「新入社員は営業担当や先輩社員の出す利益を給料としてもらっている。そのおかげで生活できている」。

毎日罵られ、存在を否定されるなかで、誰もが、睡眠不足と言葉の暴力から精神的にも肉体的にも追いつめられ、早く価値を生む人間にならなければただのクズとして扱われる恐怖に支配されたという。こうして、与えられた課題や仕事が終わるまでは寝ずに働く習慣、上司への絶対服従、「コスト＝悪」意識を、新入社員は身につけていった。このように、業務に必要なスキルをじっくり教えることのなかった新人研修の役割は、社員を「奴隷化」することにある。しかし、この研修ですら、新入社員にとっては過重な労働と圧迫の恐怖に耐える日々の始まりにすぎない。

「コスト＝悪」という意識を支える評価システム

研修を終えた新入社員たちは各部署に配属される。この頃、早くも容赦ない退職強要を受ける者が現われる。この企業は顧客に従業員を派遣する業務を基幹としているため、委託事業の数が社員数を下回れば、あぶれた社員はコスト、すなわち悪となるからだ。もちろん、委託する事業の数は労働者個人の能力によって決まるようなものではない。しかし、あぶれた以上、その人は悪であり、人間としての扱いを受けない。それが会社の絶対的なルールなのである。

「コスト＝悪」という意識は、洗脳とも言える「意識改革」だけでなく、社員の仕事を見つけてくる営業社員の成績評価システムも原動力になっている。委託を請け負ってくる営業社員は、管理する社員を割り当てられている。そして、営業社員が彼らの配属・給与・昇給率にかんする権限を掌握しており、管理する社員の稼ぎが自分の成績として計上されるようになっている。したがって、あぶれた人間による「コスト」は、自分の成績に還元される。それゆえ、仕事が見つかりそうになければ、辞めさせてしまう方が手っ取り早いのである。ある者は仕事も無いのに一時間ごとに何をしていたか報告するよう営業から指示され、精神的に追いつめられて自主退職していった。

リストラ担当社員のカウンセリング

加藤雅夫もまた、派遣先が決まらず、ほんのわずかの期間で担当営業社員から「コスト」、「使えないヤツ」とみなされることになった。そして、加藤に退職を強要するためのプログラムが始まる。POSSEへの数々の相談からわかったのは、営業社員の嫌がらせがかわいく見えるほど、この退職強要プログラムが巧みに、周到に、組織的に準備されていることだ。

退職強要プログラムは大きく分けて三つのステップがある。その一つ目は、リストラ担当社員による面談、カウンセリングだ。この会社にはリストラ担当の社員がいる。彼が行なう面接＝カウンセリングは、初めから教育や研修を目的としたものではない。追い出すことが目的である。川名や野田を含めて多くの社員が、この社員に退職させられてきた。

担当営業社員からの依頼を受けて、リストラ担当社員はガラス張りのミーティングルームにあぶれている社員を呼び出す。自分が呼び出しを受けていることは、同じフロアにいる人間全員にわかってしまう。ガラス張りの部屋で、呼び出された人間はどのような人生を送ってきたかを尋ねられる。たとえば、大学に浪人した経験がある人は、なぜ失敗したのか考えるように指示される。そして、そのまま数十分、長いときには数時間放置される。ガラス張りのため、気を抜くわけにはいかない。戻ってきたリストラ担当社員に考えた末の理由を告げると、また「なぜ?」と聞かれ、放置。自己を否定するような答えにたどり着くと、次の「失敗」を聞きだされる。そうして幾度もコンプレックスの抉り出しと自省を繰り返させられ、徹底的な自己否定を強いられる。こうして、「自分はダメなもの」だという意識をもつにいたる。

バリエーション豊富なハラスメント

「自分はクズだ」と心の底から認めていることが確認されると、プログラムは二つ目のステップに移る。今度は、「ダメな自分」を改善するための「リカバリープラン」が実施される。気取ったもっともらしい名前が付けられているが、何のことはない。その内実は、辞めさせたい社員を心身ともに疲れ切るまで追い込むためのさまざまな嫌がらせにすぎない。

プレゼンテーションの練習会という名目でターゲットだけがひたすら罵詈雑言を浴びせられなぶり者にされる「プレゼンテーション研修」、「堅過ぎてダメ」な部分を改善するために社内の若手社員全員を前にして一人でネタをさせられる「お笑い研修」、「度胸をつけるために」駅前でナンパをさせられる「ナンパ研修」など、業務にかこつけたものから業務にはまったく関係のないものまで豊富なメニューが用意されている。リカバリープラン中の社員はジャージ着用を義務づけられることが多く、会社の中にジャージ姿の人間が六人いた時期もあったという。

加藤の場合は、仕事をしている他の社員のために役に立つことを自分で考えて率先して行なうよう命じられた。彼は、システムエンジニアとして採用されたにもかかわらず、トイレ掃除やアイロンがけ、果ては営業社員の靴磨きまでしたのである。「お前は日本語がおかしい」と、休日に小学生向けの国語ドリルを数十冊解くことも指示された。一連の嫌がらせは、加藤が自主退職するまで続けられた。

これらのハラスメント手法に共通するのは、努力しても何をしても罵られ、絶え間なく否定されるということである。人間を破壊するという点では、実に洗練された手法といえる。

「辞表を書いてこい」

しばらくリカバリープランを続けていると、たいていの人間はうつ症状が出るようになる。その頃合いを見計らって、リストラ担当社員は辞表を提出させる。これが、退職強要プログラムの最後のステップだ。「気合いを見せるために辞表を書いてこい」と命じたり、「このままうちの会社にいても君のためにならない。君のために辞表を書いた方がいいと思う」と諭したり、このときの手口もまたさまざまだ。しかし、一つだけルールがある。絶対に会社の方から「解雇する」とは言わないということだ。「いっそクビにしてほしい」と懇願した社員は、「うちは絶対会社から辞めろとは言わない」とやはり辞表を出すように命じられた。

おそらく会社は、「会社の言うことが絶対」という魔術が会社の中でしか通用しないことを知っている。会社を辞めた人間は、しばらく経って、「あの会社はおかしかった」と訴えるかもしれない。それは会社のコストになる。だから、本人が立ち直れなくなるまで、少なくとも会社に歯向かわないようになるまで精神的に追いつめ、いざ訴えられたときにも「自分から勝手に辞めた」という証拠が残るよう、辞表を書かせるのである。要は、辞表は会社のリスクヘッジのために提出させられるのだ。たったそれだけのために、退職強要プログラムはこんなにも高度にシステム化されている。

このシステムが恐ろしいほどよくできている点は、入社直後にはすでに労働者の人間性を破壊し、「ナンパ研修」を同僚がさせられていることを知っていた。しかし、当時はそれを必然のように感じていたという。自分が辞めさせられそうになり、ＰＯＳＳＥに相談に訪れて初めて、「私にとって当たり前だったことが、会社の中だけで当たり前だっただけで、会社の外では全然当たり前じゃなかった。我慢しなくていいことだったんだって気づきました」と言った。会社の中にいる人間にとっては、「当たり前」のことなのだ。カウンセリングからリカバリープラン、最終的には辞表を書かせるという一連の退職強要プログラムは、入社式から研修を経て内面化される「コスト＝悪」意識、「会社の言うことは絶対」という服従の姿勢を土台にしていつでも発動することができるのである。

人間が破壊される。キャリアは閉ざされる。

　こうして、多くの就活「勝ち組」が過酷な退職強要に耐えかね、その多くはうつ病を患い、職場を離れていった。彼らのキャリアは、三重に閉ざされてしまう。一つ目は、まともな職場であれば働き続けることができたのに、それができなかったという意味で。二つ目は、うつ病にかかってしまったために、再就職活動が困難なため。そして、三点目が最も切迫した問題である。彼らは「自主退職」で辞めてしまったため、給付制限の三か月を待たなければ雇用保険を受けることができない(解雇や退職勧奨で辞めた場合、本来であれば特定受給資格者として扱われる。下図参照)。短期間しか勤めていないので、受け取れる期間も短い。いったん休んで病気を治して、じっくり職を探して、これからのキャリアプランを練り直す猶予さえ、彼らには与えられていない。これらは、会社が一切責任を負わないためにリスクヘッジを行なった結果、労働者に転嫁されたリスクである。

〈一般受給資格者〉給付制限期間3か月

区分＼被保険者であった期間	1年未満	1年以上5年未満	5年以上10年未満	10年以上20年未満	20年以上
全年齢	——	90日		120日	150日

〈特定受給資格者、特定理由離職者〉給付制限なし

区分＼被保険者であった期間	1年未満	1年以上5年未満	5年以上10年未満	10年以上20年未満	20年以上
30歳未満	90日	90日	120日	180日	——
30歳以上35歳未満		90日	180日	210日	240日
35歳以上45歳未満				240日	270日
45歳以上60歳未満		180日	240日	270日	330日
60歳以上65歳未満		150日	180日	210日	240日

「コスト＝悪」のブラック企業が生み出す社会的なコスト

実はこの会社では、数年でほとんどの社員が入れ替わる。二〇一〇年の夏ごろ、この会社では月に一〇人という驚異的なペースで従業員が離職していた。当初二〇〇人以上いた二〇〇八年度新入社員は、三度目の夏を迎える前に、すでに半数が離職している。時期は違えど、いつかは誰もが「コスト」とみなされるようになる。初めから、退職強要プログラムは時限爆弾のように埋め込まれていたのだ。

職場を追い出された社員たちは社内でこそ「コスト」とみなされていたが、実際には「無価値」でも「無能」でもない。自身も継続的な嫌がらせを受けながら、まだ会社に残っている社員は、こう語ってくれた。

「(彼らは)もともと有能でいろいろな可能性をもっている。でも、カウンセリングにかかると何もできなくなる。頭がおかしくなる」。

希望を抱いて社会に出た若者が、一企業の利益追求のために数百人という規模で破壊され、打ち棄てられている。社会的には、企業が支払いを免れようとする人件費などではなく、こうして生み出される多大な損失こそが憎むべき「コスト」である。

※『ＰＯＳＳＥ』九号(特集「ブラック企業」)に掲載したルポを、本書向けにまとめなおしたものです。

COLUMN 民事的殺人

ある女性が息子のことで相談があると連絡をとってきたのは、かなり前のことになります。誰もが名前を知っている家電量販店で働いていた息子が、勤務中に救急車で病院に運び込まれたというのです。どうやら過呼吸が原因だったようで、医師の診断で重いうつ病だとわかりました。職場の状況を聞いていた彼女は日常的な上司からの暴言に原因があると察し、会社に事情を聞くのですが、上司は「ふざけていただけ」と誠実な対応をみせません。困惑と憤りを抱え、彼女はPOSSEを訪れたのでした。

高卒で一流企業に正社員採用された若者が、たった二年で壊されてしまった。私たちは何とかサポートしようと思いましたが、困ったことにパワハラの記録は何も残っていませんでした。何より、本人は当時の状況を思い出すだけで意識を失ってしまうような状況で、何があったのかすらわからないのです。弁護士や労働組合の方にも協力をお願いしましたが、結局この事案は企業の責任を問うことができませんでした。

私たちは、権利をもち行使する主体としての「命」を奪うことを、民事的殺人と呼んでいます。すべての人は人権をもっていますが、権利を使うことすらできないまでに壊されてしまうこともあるのです。

2 ブラック・パターン

ブラック企業のやり口がめちゃくちゃに見えるためか、「こんな目に遭っているのは自分だけだろう」と多くの方が考えています。しかし、ＮＰＯ法人ＰＯＳＳＥに寄せられている年間三〇〇件以上の相談を集めてみると、めちゃくちゃななかにもいくつかの「パターン」はあるのです。

傾向がわかれば、対策が打てる。そこで、この章では、数々の相談事例を通して見えてきたブラック企業の「パターン」を紹介します。

［パターン①］入社後の選別競争

大量採用で、短期間に多くの人が辞めていく職場では、入社した後にも選別が行なわれていることがよくあります。酷いところになると、一年間に同期が八〜九割も辞めてしまいます。

入社したのに「予選」？

二〇〇八年、ウェザーニューズという最大手の気象予報会社で、入社後わずか六か月の男性が自ら命を絶つ事件がありました（その後の裁判で会社は非を認め、和解）。この会社には、就活を勝ち抜いてなお選抜競争を行なう「予選」というシステムがあります。月に二〇〇時間以上の残業をするほどの長時間労働をした挙句、「予選」落ちを告げられた末の自死だったそうです。

ウェザーニューズが採用していた「予選」というシステムは、入社後の選別競争を象徴的に示した言葉だといえます。

就活を終えた新卒労働者は、入った会社を辞めると「キャリアに傷がつく」と考えています。ブラック企業はその恐怖を利用するわけです。採用の時点であらかじめ必要な人員よりも多くを採用しておき、就職活動中の競争以上に逃げ場の無い状態で労働者を働かせてみて互いに競わせるのです。そのなかから、①従順に言うことを聞き、②長時間働いても体調を崩さず、③それなりに仕事のできる人をさらに絞り込んでいくというわけです。

「ご縁がなかった」でクビに

この「選別」の基準は、就活の不採用の理由と同様に、非常に曖昧です。「なぜ辞めなければいけないのか」はなかなかわかりませんし、会社側の示す理由は理不尽な場合がほとんどで、「ご縁がなかった」や「コミュニケーションがとれない」といった適当な理由で、平気で解雇することが常態化しています。

「試用期間」という言葉の罠

そのとき、ブラック企業が方便に使うのが「試用期間」という言葉です。「試用期間」は長期雇用を前提に社会人としての最低限の能力があるかどうか最終的な見極めを行なう期間という程度の意味しかなく、「試用期間」中であっても辞めさせれば解雇にあたります。「試用期間が終わったら本契約します」とよく言われますが、法律的には試用期間の時点ですでに雇用契約は成立しています。ですから、「試用期間」中でも、解雇するときには、どうしても雇い続けられないほど労働者に落ち度があるとか、経営状態が悪いとか、きちんとした理由が必要です。

ところが、ウェザーニューズの「予選」という表現に象徴的なように、こうした期間がさも「お試し期間」であるかのように振舞うブラック企業はかなりあります。そうすることで、就職活動中の不採用と同じような簡単な理由で辞めさせられるという印象を与えることができるからです。理由がよくわからなくても不採用になることに慣れてしまっている新卒労働者の多くは、「認めてもらえなかった自分が悪い」と思って辞めてしまいます。本当は、最初から何人かを辞めさせるために雇う会社に問題があるにもかかわらず、です。

こうした「言葉のトリック」を弄して、「試用期間」の人はいつでも辞めさせられるという「脅し」が成立します。その「脅し」を背景に、本採用を目指して頑張りなさいという競争圧力をかけることができるのです。この予選に勝ち抜けなかった人間に不利益が生じることはもちろんですが、こうしたものすごい競争を勝ち抜いた人間を待っているのは、本採用後も同じペースで働き続けろという会社の命令なのです。追い出されても残っても待っているのは地獄、というのがこの「選別競争」の酷いところです。

［パターン②］残業代を払わない

昔から、日本の職場では残業代の出ない残業は「サービス残業」と言われてきましたが、残業代を払わないと、刑事罰の対象となります。食い逃げや詐欺と同じようなものなのです。ところが、現実にはさまざまな手口で残業代を払わない企業があります。

適当な嘘をつくケース

労働者が法律を知らないと高をくくって、唖然とするような「言い訳」をするブラック企業は中小企業に多く見られます。実際に相談に来るケースにもそういう事例が多いのですが、会社に強く主張されると、働いている当人は自信が無くなってしまうのでしょう。

会社の「言い訳」は、「会社の経営状態が悪いから残業代は払えない」、「うちでは労働基準法を採用していない」、「あなたの仕事が遅いから」、「正社員だから／見習いだから」、「うちは年俸制だから」、「閉店後は就業時間ではない」といったものです。

契約の内容で嘘をつくケース

大企業の一般的な手口としては、書類上でごまかしをして残業代を支払わないというものがあります。

まず、「みなし労働」を導入していると主張する企業があります。確かに労働基準法では、たとえば労働時間が把握できない外回りの営業対象に、労働時間を「このぐらいだ」とみなす制度を設けています。しかし、この制度の導入条件は厳格で、好きな時間に昼寝をしていたとしても怒られない（使用者が把握できない、把握していても注意できないなどの理由）ような場合でもなければ適用されませんが、形式的な手続きすら取っていない適当な会社もあります。

次に、いわゆる「名ばかり管理職」問題があります。アルバイト比率が高い職場では、正社員が店舗に一人ということもあります。こういう企業では、この前まで学生だった若者がいきなり「店長」や「室長」などの管理職に就きます。確かに、労働基準法は、事実上経営者と同格の位置にいる「管理監督者」には残業代を払わなくてもよい、としています。しかし、新卒一年目の社員を「管理監督者」にさせる企業はありません。語感の似ている「管理職」という肩書きで、実質的には自分で自分の休みを決めるような権限すら与えていない人間を、「経営者と同格」と言ってはばからないのがブラック企業です。

さらに厄介な問題になっているのが、「フリーランス」として「個人請負」契約を結ばせる場合です。「正社員」で求人を出しておきながら「個人事業主」として「採用」し、労働基準法の適用を免れようとするケースです。自分の契約がどうなっているのか、きちんと確認しておく必要があります。雇用契約書を出すことさえしない企業もありますが、それ自体が違法です。

そして、最近多くの会社で導入されているのが、「固定残業代」や「定額残業代」と呼ばれるものです。これは非常に複雑で、普通の学生が見ただけではわかりません。しかし、こういう手口があることを知っていると、就活のときにブラック企業を見抜くよい視点になりますから、パターン③として、別途取り上げます。

記録を改ざんするケース

最後に、記録自体を改ざんするケースがあります。タイムカードや勤怠表など、コンピュータ管理されているようなものをわざわざ書き換えることもあるのです。

こういう企業のために、正社員なのに時給換算するとアルバイトよりも低かったり最低賃金に満たなかったりする人がいます。フルタイムで働いている人が生活できないような会社は、ブラックと言わざるをえません。

［パターン③］月収を誇張する裏ワザ

残業代を払わない手口のなかでふれた、「固定残業代」・「定額残業代」について紹介します。この手口は普通の人には気づかれにくいため、そういう意味ではかなり悪質と言えます。

就活生を騙すための誇大広告

このケースの労働事件の代表格は、「日本海庄や」の過労死事件です。この事件の裁判を通じて、仕組みがかなり詳しくわかっています。

当時の「日本海庄や」の求人情報には、「月給一九万六四〇〇円（残業代別途支給）」と書いてありました。今の相場だと、この賃金なら大卒の初任給としては比較的良い方ではないでしょうか。亡くなった男性も、それを見てエントリーしたわけです。ところが、働き始めた後になってこのうち七万一三〇〇円分は八〇時間分の残業代をあらかじめ含んでいるものだとわかったのです。結果、時給に換算すると七七〇円と、バイトよりも安く使われていたことが判明しました。しかも、八〇時間以上残業しないと、一九万六四〇〇円から給料がどんどん引かれていくという制度になっていたのです。

このように、求人票に書かれている給料のなかに「実は一定の残業代がすでに含まれている」というのが「固定残業代」です。「毎月固定して支払うから、求人票に載せた」ということになるわけですが、簡単に言えばただの誇大広告です（「日本海庄や」の実例では、残業時間が八〇時間に届かなければ残業代は払われず、「固定残業代」よりも酷い待遇だったと言えます）。

この固定残業代が、一見して気づかれにくいため、就活生を誘い込む罠としてブラック企業に好まれています。そして、こういう求人票の作成に悪知恵を出すことで儲けている社会保険労務士のような「専門家」が一部にいるのです。本当に許しがたいことだと思います。

固定残業代は違法なの？

ただし、実際には、「日本海庄や」のように「固定残業代」にすらなっていないケースがよくあります。違法でない「固定残業代」にするには、いくつかの条件が必要なのです。わかりにくい制度ですが、就活でブラック企業に引っ掛からないためにも、どのようなときに違法になるのかを紹介しておきます。

①　何時間分の・何円分の残業代が含まれているかわからない

固定残業代のずる賢い点は、「嘘はついていないけれど騙せる」という点にあります。ですから、きちんと読めばわかるように書いていないといけません。しかし、こうしたことすらしない会社がほとんどです。

②　計算すると最低賃金より低くなる

残業代なども含めて計算して、実質的に最低賃金より低くなる場合は、その時点で違法です。

逆に言えば、事前に契約の内容をよく読めばきちんとわかるように書かれていて、その時給が不当に低くなければ、固定残業代は違法でないことになっています。しかも求人票と契約の内容が違っていても違法にはならないので、求人票では平気で嘘をついている会社もたくさんあります。単にブラック企業を見抜くテクニックを身につけるだけでは不十分だと私たちが考えている根拠は、そこにあります。

ちなみに、二〇一一年六月現在の大庄グループのＨＰからわかる大卒の営業職の月給は、一九万九五二〇円（三〇時間相当の固定残業代と六〇時間相当の深夜割増手当を含む）です。これでは何円分の残業代が含まれているかわからず、時給が低いかどうかの判断すらできません。大庄グループは未だに問題のある求人を出していることになります。

大庄のような大企業でも、こうした手口が使われているのです。「大企業だから安心」の時代は終わっています。

〔パターン④〕新卒労働者の「使い捨て」

いま、長期雇用を前提としない労務管理がさまざまな業界で広まっています。①簡単に辞めさせることができる、②後で訴えられる恐れがない、③代わりの労働者はいくらでも見つけられる、という条件がそろえば、最も効率的な使い方は、短期間に壊れるまで働かせることです。長時間働かせること、従来であれば新卒には負わせなかった責任を押し付けることは、熟練を必要としないような小売店やＩＴ産業などに多く見られます。

壊れるまで、効率よく

こうした職場は、パターン①の「選別」の場合と異なり、会社から辞めるよう働きかけるわけではありません。限界まで使い続けるのです。

そのため、研修の時点ですでに過酷を極める場合も多くあります。スキルアップには意味の無い「社訓を暗唱しろ」、「××ｋｍ歩いてこい」などの理不尽な課題を出し、どんな命令でも「おかしい」と思わないような人間教育を施します。

そして、人間教育としての研修が終わると、いきなり新入社員には無理な仕事を押し付けるのです。あるパソコン教室では、数か月前まで学生だった人が、裏で猛勉強しながら何人もの生徒を抱えています。きちんとした研修はなく、「店長」として過労死寸前の働き方をしているため、受講生に対して満足な指導をすることもできません。自分に納得のいく仕事ができるような環境が、そもそも用意されていない状況で、売り上げだけを会社に求められているのです。

すでにパターン③で紹介した「日本海庄や」の過労死事件もまた、「使い捨て」の格好の題材です。二〇〇七年、大学新卒で入社したＡさんは研修後にいきなり店を任されます。何とか会社の期待に応えようと懸命に仕事をこなし、わずか四か月で心臓の病気で亡くなりました。

彼は、月に一〇〇時間以上の残業を繰り返しました。これは八〇時間の「過労死ライン」を大幅に超えた働き方です。日本には実効的に労働時間を規制する法律がなく、こうした長時間労働であっても直ちに違法にはならないのですが、明らかに体を壊しかねない働き方なのです。

この手の会社が悪質なのは、「選別」型の企業とは違い、「辞めさせてもらえない」というところです。会社はいつでも辞めさせることができるわけですから、壊れてしまうまでは使おうとするのです。「後で訴えられる恐れがない」という状況では、本当に何が起きてもおかしくありません。

「がんばって認めてもらう」は通用しない

こういった会社に付き合っていては、精神的にも肉体的にも疲弊しきってしまうだけです。頑張ったところで、認めてもらえる保証はどこにもありません。しだいに賃金を下げていく会社まであるのです。

「店舗を任された」という責任感から、懸命に会社の期待に応えようと努める若者も多くいます。向上心もあるでしょう。しかし、社員が成長することではなく、擦りきれるまで使いたいというのがブラック企業の「期待」です。決して若者の努力に水を差すわけではありませんが、「がんばって認めてもらう」という心を絡め取るブラック企業はたくさんあるのです。仮に認めてもらったとしても、ブラック企業は、一度でも体を壊したりうつ病になったりしたら、すぐに辞めさせます。こういう使い捨ての事例が後を絶ちません。新卒で就活に成功し、入社後の選別を勝ち抜いて、真面目に働き続けた結果、うつ病になって会社を辞めさせられる若者が増えています。

残業代もろくに払わず、一年も経たないうちに若者を壊れるまで働かせるブラック企業の経営者は無能です。彼らは、若者の努力や向上心を活かす力を持ち合わせていないのです。

はありません。

［パターン⑤］退職時の嫌がらせ

ブラック企業の悪行は、働いている間だけではありません。

辞められないブラック企業

自分の好きなタイミングで労働者を辞めさせているのに、「辞めたい」という労働者を退職させないのもよくあるパターンです。

企業が離職させたいタイミングでもなく、労働者が「壊れて」いないうちには、ブラック企業は労働者を辞めさせようとしません。

法律的には、労働者はやむをえない理由などなくても会社を辞めることができます。辞められなければ奴隷と同じだからです。ところが、実際には、早いうちから転職活動をしようと思っていても、「後任が決まるまで勤めなさい」、「あなたを雇うためにかかった手間の分は働いてもらう」など、色々な理由をつけて労働者が会社を離れられないようにするのです。

これまでの相談のなかには、退職手続きだけ済ませて働かせていた会社もいくつかありました。書面ではもう雇っていないという形式を整えて、実質的にタダ働きをさせています。

反対に、「一か月後に辞めたい」と伝えたことを理由にその場で解雇されることも少なくありません。労働者が自分の思うように転職活動をするのも、ブラック企業では実に大変なのです。

辞めた後もブラック企業

ブラック企業が辞めるなと言ったとしても労働者は辞めることができる権利を保障されていますが、いざブラック企業の制止を振り切って職場を辞めると、それまでの違法状態に目をつむっていても追い打ちをかけるような嫌がらせを受けることがあります。いくつか例を挙げてみましょう。

① **離職手続きのボイコット**

離職手続きは、年金・健康保険・雇用保険など各種社会保険の手続きとして必ず行なわなければなりません。失業中の給付を受けることができなくなりますし、再就職にも支障がでます。

こうした不利益を労働者が被ることをわかっていて、あえて嫌がらせとして離職手続きをボイコットする会社があります。これは、国の保険制度を私物化して行なわれるパワハラです。

② **最終月の給料支払い拒否**

嫌がらせやコスト削減のために、最終月の給料が支払われないことがあります。パワハラが原因で会社に行けなくなってしまった労働者にたいして、最終月だけ手渡しにすることで支払いを免れようとする会社もあります。最終月の給料が支払われなければ、失業中の生活設計は大きく狂ってしまいます。

③ **損害賠償請求**

さらに悪質なのが、「辞めた」・「無断欠勤した」ことを理由に、損害賠償を請求する場合です。無断欠勤をしたことがなくても、「会社が辞めるなと言っているのに勝手に会社に来なくなった」というでっちあげの理由で無断欠勤の損害賠償を請求されるケースもあります。悪徳な弁護士・社労士がこれに加担して請求書を送りつけてくる場合もあります。法律的にはまったく応じる必要はないのですが、弁護士から手紙を送られる経験のない人はびっくりしてしまいます。

こういう嫌がらせを行なうことで、会社のなかでは見せしめのような効果が生まれます。ブラック企業の手口を何度も見ていると、自分が辞めるときにも同じことをされるのではないか、という恐怖が植え付けられます。この恐怖心を利用して、会社が辞めさせたくなるタイミングまで労働者を使い続けることができます。「損害賠償を請求するぞ」と脅したところで、実際に裁判でお金が取れるわけではないのですが、当事者を脅しつけたり他の従業員を威嚇したりという実利はあるわけです。

［パターン⑥］戦略的パワハラ

さまざまなブラック・パターンを紹介してきましたが、究極的なものは何かと聞かれたら、この「戦略的パワハラ」を挙げます。これまでのパターンでも身体・精神・生活のいずれかを壊す人は出てきますが、「戦略的パワハラ」はそれが副次的な結果ではなく、目指される目的として起きるからです。しかも、上層部を中心に組織的に行なわれる点に特徴があります。

解雇を合法化するためのパワハラ

戦略的パワハラが起きる背景には、「辞めさせたいが解雇にはしたくない」という思惑があります。会社が労働者を一方的に辞めさせる（解雇）には、きちんとした理由が必要です。そこで、自分から辞めるように追い込むことで解雇を「合法化」するのです。1章で紹介したＩＴ企業の事例がまさにこれを突き詰めたものといえます。リストラの担当職員を常駐させ、精神的に追い詰め、精神障害にかかって争えなくなってしまった頃に辞表を書かせます。

さすがに、健康なうちから精神的に追い込むことだけを目的に熱意を注ぐ企業はやはり少数派ではあります。しかし、多くのブラック企業が同じような仕組みを設けています。違いは、うつ病や体調不良で休職するところからこのシステムが始動するという点ぐらいです。長時間働かせ、一度壊れてしまった後は徹底的に壊しつくす。まるで判で押したように、「うつ病や体調不良→会社を休む→パワハラ→自主退職」という回路に投げ込まれています。

体調を崩した労働者を辞めさせる戦略的パワハラには、大別して二つの方法があります。

一つは、本人がもう会社には行きたくないと思うまで嫌がらせを行ない、しかし辞表を書くまでは辞めさせないという方法です。働いている人間は、辞表を書くまでの間ずっと、いじめに耐え続けなければなりません。

もう一つは、復職させないという方法です。特にうつ病になってしまった場合には、完治までに時間がかかるうえ、その判断は容易ではありません。正社員の場合には「休職」という制度が設けられていることがありますが、その休職期間を満了しても完治していない場合は、自然退職に持ち込むことができます。復職した人を復職直後からいじめて再発させる企業もありますし、最初から復職させないように企業の雇った産業医が嫌がらせに加担する場合もあります。

解雇の「合法化」とは言っても、そのために行なう嫌がらせはもちろん違法なものです。しかし、パワハラや嫌がらせは解雇よりも証拠が残りづらく、労働者が主張しにくいという点がブラック企業に好まれます。

その後の生活はボロボロに

「戦略的パワハラ」のために労働者が被る不利益は甚大です。まず病気を治さなければ再就職活動じたいが難しくなります。重いうつ病になってしまうと、フルタイムで働くこともままなりません。最悪なのは辞表を書いてしまった場合で、自分から辞めた場合(自己都合退職)は失業給付を三か月間受け取ることができません。

ブラック企業はフリーライダー

どんなに堪え忍んだとしても、ブラック企業はどこかで絶対に疲れがくるような働き方をさせています。にもかかわらず、精神や身体を壊した人を、ブラック企業はお荷物として扱い、あの手この手で職場から放り出すのです。

それでブラック企業が儲かったとしても、社会的には害悪でしかありません。若者の成長や努力にたいする適切なコストも払わない企業は、社会保障や教育制度にタダ乗りするフリーライダーにほかなりません。

［パターン⑦］職場崩壊

集団生活のなかではぐくまれる秩序が、まったく機能していない状態になってしまっている職場が出てきています。

狙いが見えない

会社の狙いが何なのか、はっきりとわからない、という相談がたくさん寄せられています。「残業代を払わないため」や「とにかくこき使おうとしている」、「事実上のリストラ政策」のように、パワハラであっても、会社の狙いや背景がつかめればまだ対策をとることができます。会社に「狙い」があるからです。ところが、単に職場が壊れてしまっていると思わざるをえない場合があります。会社の意図さえわからないと、会社の動きがまったく読めません。こういう職場は個別企業の利益という目的すら見失い、生産性も低い、ただのダメな職場になってしまっています。

ブラック企業を放置しておくと、こういう「壊れた職場」があちこちにできてしまいます。法律はまったく守らない。上司の言うことには絶対に従わなければいけない。仕事でミスがあれば制裁を加える。会社のコストは最大限労働者に転嫁する……。こういったことが常態化している職場では、人権感覚が麻痺してきます。その結果、人件費削減や酷使といった動機からはまったく説明がつかないような、「何でこんなことをするのだろう?」と首をかしげてしまうような職場環境が広がってくるのです。

ＰＯＳＳＥに寄せられた相談のなかから、ほんの一部を紹介します。

◇上司が業務中にアニメの物真似をしてくる。同じアニメのキャラクターの物真似で返さないと、怒られる。

◇「足腰立たんようにしてやろうか」と言われ

る。
◇入院しているのに働きに来いと言われる。
◇いじめが恒常化しており、毎年自殺者が出ている。
◇宗教にしつこく勧誘され、断ると怒られる。

こんなことが現代の職場で起きているなんてもしかしたら笑い話のように思うかもしれませんが、実際に被害を受けている当事者にとっては恐怖でしかありません。次に何をされるのかわからないという恐怖心と闘いながら毎日出社しなければならないのです。どんなに優秀な労働者であっても仕事にやりがいを感じることは難しいでしょうし、実際にこういう上司の下で生産的な仕事をすることは難しいでしょう。

企業の中で行なわれる犯罪行為

壊れた職場では、刑事事件に発展してもおかしくない事案も、身体や生命の危機を感じるような事件も起きています。

◇「死ね」、「脳みそが腐っている」などの暴言を吐かれたり、レンチを投げつけられたりする。
◇包丁を首に向けられて、「切ってやろうか」と言われる。
◇男性の上司が、業務中に女性の胸に手を突っ込んでまわる。
◇職場の上司に食事に誘われ、その後性的暴行を受けた。
◇蹴られてオーブンに当たり、大やけどを負った。
◇殴られて骨折した。
◇売り上げが低いと会社から罰金を課せられる。その額が数百万円にのぼり、罰金より給料が高い人が職場に一人しかいない。

これらのことが、職場の中の問題として埋もれてしまっています。社会のなかでは許されないような犯罪行為が、「上司だから」という理由で職場の中では許されてしまっているのです。

COLUMN 過労死やうつ病の増加

近年、ブラック企業で働いていた若者が過労死・過労自殺するというショッキングなニュースが増えています。そのひとつが「大庄」(日本海庄やなどを経営)店員過労死事件です。大学新卒で大庄に入社した店員Aさん(二四歳)が、働き始めて四か月で心臓の病気で亡くなってしまったのです。Aさんの残業時間は、平均して一か月一一二時間。これは、週五日勤務とすると一日一三・六時間働いていた計算になります。

厚生労働省は過労死の労災認定基準を示しています。それは、発症の直前一か月に一〇〇時間以上、または二か月ないし六か月のいずれかの平均で八〇時間以上の残業をしていれば、その症状の発生と仕事の関連性が強いとするものです。Aさんはいつ死んでもおかしくない労働時間で働いていたことになります。

大手チェーン店や小売量販店では長時間労働によって労働者がうつ病を罹患してしまうことも珍しくありません。労働政策研究・研修機構が一〇人以上の民間事業所一万四〇〇〇か所を対象に行なった調査によると、「六割弱の事業所で、メンタルヘルスに問題を抱えている正社員が」おり、「そのうちの三割強の事業所は、三年前に比べてその人数が増えた」としています。

3 ブラック企業に負けない就職活動

2章ではブラック企業が共通してもつ違法行為のパターンを見てきた。だが、こうした違法行為にたいして、若者はどう行動しているのだろうか。実は、こうした違法行為にたいして若者はほとんど「何もしていない」。その秘密は就職活動の仕組みにある。

図表①　違法状態の内容の分布

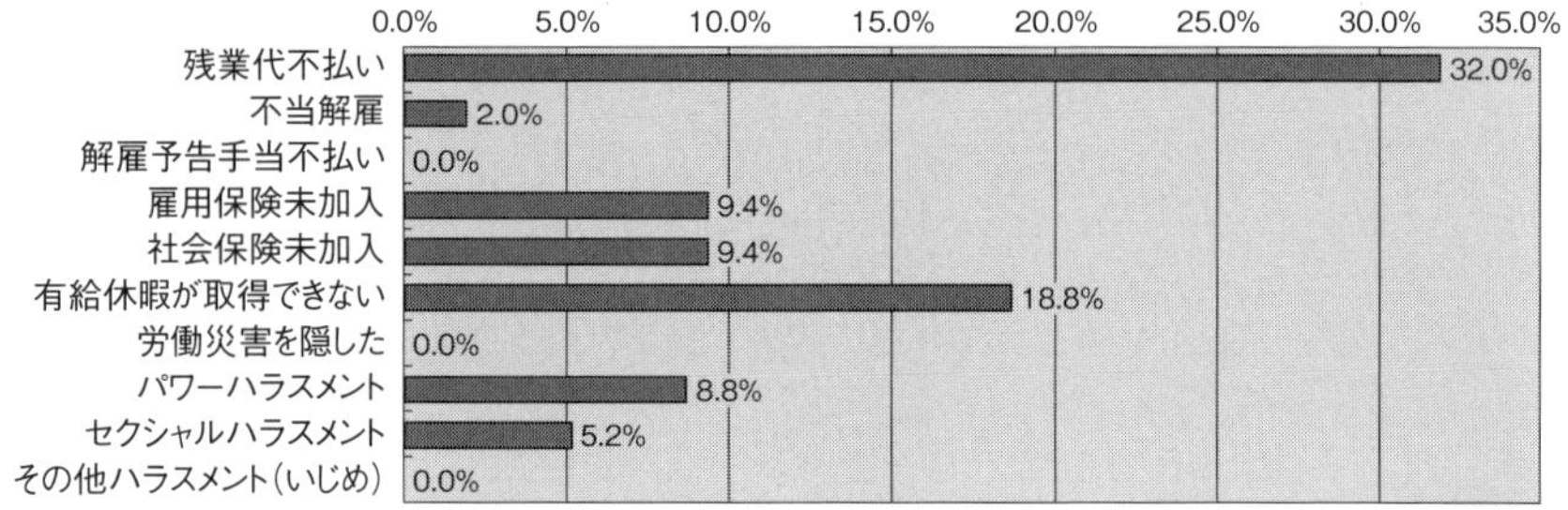

違法行為を「受け入れる」しかない若者

まず、違法行為にたいして若者はどう対応しているのか、その実態からみていこう。ＰＯＳＳＥが二〇〇八年に街頭で行なった調査[1]によると、若者の五割以上が違法行為を経験していた。その内訳は図表①のとおりだが、実に多様な違法行為を経験している。しかもこれは、「違法行為だ」と本人が自覚している割合である。法律に明るくなければ違法行為であることさえ自覚できないことを考えると、実態はもっとひどいと見てよいだろう。[2]

これにたいし、若者に「どのように対処しましたか」と質問すると、七割以上の若者が「何もしなかった」と回答した。ほとんどの若者は「泣き寝入り」しているのである。「何もしなかった」理由を尋ねると、最も多い回答は「是正できるとは思わなかった」というもので、若者の職場にあきらめが広がっていることがよくわかった（図表②）。さらに、同様に「諦め」を示していると思われる「解決が困難そうなので何もしなかった」（八％）、「争うのが怖かった」（二一・七％）、「どう

1―二〇〇八年に都内数か所で、若者およそ五〇〇名を対象に行なった調査。学生のボランティアが、来る日も来る日も街頭で若者に声をかけ、実態を聞き取った。

2―比較的に労働基準法違反の事例は違法を自覚しやすい。残業代の支払いや解雇予告手当（辞めさせる一か月前の予告または一か月分の賃金の支払い）などが明記されているからだ。だが、不当な解雇や、パワーハラスメントや長時間労働によるうつ病の発症などは、その違法性が明らかであったとしても当人には判断が難しい。

図表② 「何もしなかった」最も重要な理由

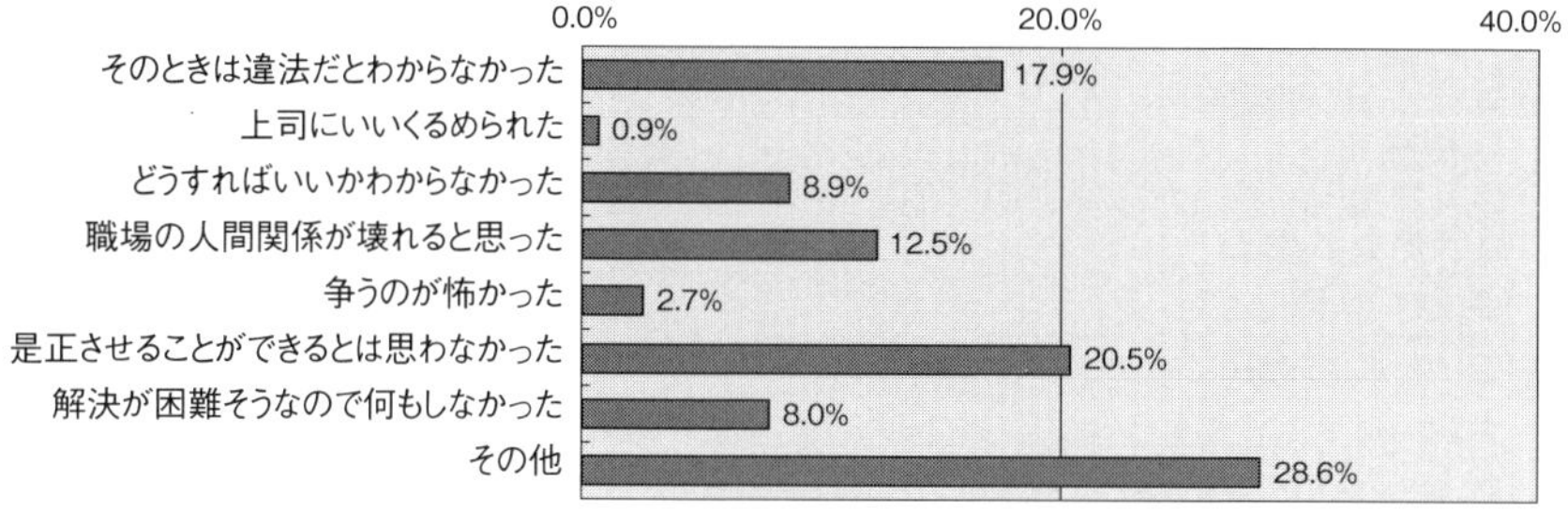

すればいいかわからなかった」（八・九％）、「職場の人間関係が壊れると思った」（一二・五％）を加えて合計すると半数を超え、「そのときは違法だとわからなかった」（一七・九％）を大きく上回った。この結果からは、「法律を知っていても解決できない」という職場の実態が浮かび上がる。若者は会社において、法律に違反していることが明らかな場合でも我慢するしかなく、これを受け入れているのだ。

新卒が「自己都合退職」に追い込まれる

こうした違法行為の蔓延は若者のキャリアを奪い取ってしまう。2章で見たように、「自己都合退職」に若者を追い込むさまざまな手法をブラック企業は共通してもっている。ハローワーク前で行なった調査[3]からは、さらに、直接的なパワハラなどによって退職に追い込む場合だけではなく、あらゆる違法行為が若者の退職に関係していることがわかってきた。

そもそも、若者が仕事を辞める場合、その七割から八

3—都内、仙台、大阪、京都のハローワーク前で、対面方式で行なった調査。内容が複雑であるため、研修を三〜五回受けた大学生の調査ボランティアが一人当たり三〇〜五〇分かけて行なった。大学の休みを利用し、実態を明らかにするために、若者自身で行なっている調査の一環だ。総数約五〇〇〇票、有効票約二五〇〇票である。

図表③　「自分から辞めた人」における違法行為と離職の相関（初職）

単位:人	契約が実態と違う	賃金遅配	パワハラ	長時間労働
違法行為が離職理由に含まれる	37（20%）	24（13%）	22（12%）	49（26%）
違法行為が該当したが、離職理由ではない	26	46	11	46
違法行為が該当した	63	70	33	95
違法行為が該当しない	126	119	156	94
合計	189	189	189	189

出典：NPO法人POSSE2010年度調査より作成。

割は手続き上「自己都合退職」として会社を辞めている。だが、その実態がおよそ「自己都合」ではないことは、ブラック企業がらみの労働相談を受けている私たちにとっては明白である。この実態を明らかにするために、私たちはハローワーク前で「自己都合退職」で初職（新卒採用）を辞めた若者を対象に調査を行なった。

すると、自己都合退職者一八九人のうち、半数以上が違法行為を経験しており、そうした違法行為が「自分から辞めた」要因になっていると回答した若者は全体の三割以上に上った。

具体的には「契約が実態と違う」[4]、「賃金遅配」、「パワハラ」[5]、「長時間労働」[6]などの違法行為が要因となっていた（図表③）。長時間労働を苦に自分から辞めてしまっている若者は二六％に及び、四人に一人という高い割合だった。また、パワハラが「自己都合退職」の理由となっていた人も一割以上に上る。目を引くのは、「賃金遅配」が一〇％を超え、「契約が実態と違う」ことも二〇％に及んでいる点である。賃金が遅れてしまっては生活設計がなりたたないだけ

4―たとえば、契約のときは「週休二日」と書かれていたのに、実際には一日しか休めないなどの場合である。

5―「パワーハラスメント」についても明確な定義はないので、分類は難しい。この調査では暴力・暴言、明らかに業務命令を超えた不当な命令などの事実から判断して分類している。これらの事実がはっきりしている場合、訴訟を起こすことで企業の責任を問い、権利の回復（原状の改善）や補償を求めることが可能である。

6―実は、「長時間労働」についての明確な違法の基準はない。所定の手続き（三六協定）さえとれば、実質的に企業はいくらでも

でなく、それから先の生活が本当にきちんと送れるのか、会社の誠実さにも大いに疑問をもってしまうだろう。そしてもちろん、これらはどう考えても「違法」であるし、こんなことでせっかく就職した若者が辞めなければならないというのはとても残酷な現実だ。この調査結果からは、労働相談からみえるブラック企業のパターンにはまってしまう若者の割合が、社会全体でみてもかなりの部分を占めていることが推察されるのである。

働かせることが許されているのだ。ここでは過労死やうつ病罹患のさいに「仕事が原因である」と推定されるさいに用いられる、月八〇時間以上の残業時間を越えたものを「違法」としている。

「いじめ」「パワハラ」なのに「新卒が悪い」という扱いになる

さらに、本当は違法行為が背景にあったとしても、形式が「自己都合」で辞めるということは、自分から「勝手に辞める」ということを意味してしまう。この結果、国からの扱われ方は、「自分勝手な若者」となってしまう。そして「自己都合退職」で辞めたことになると、雇用保険制度の給付制限の対象となってしまうのだ。給付制限が適用されてしまうと、実質的に三か月間雇用保険の給付が受けられない。これは「ペナルティー」[7]である。このペナルティーのために、すぐに仕事を見つけなければ生活を続けられなくなってしまう。かといって、そう簡単に「まともな」仕事が見つかるわけがない。そこで、すぐに働ける派遣労働を選ばざるをえなくなるケースもみられる。「自己都合退職」の強要は、非正規雇用の増加にもつながってしまうのだ。

7―日本の雇用保険制度は、このペナルティーがきわめて強い。たとえば、非正規雇用労働者が解雇された場合、基本的には「自己都合」として扱われる。そもそも非正規雇用で働くことが、真剣に働こうとしていないとみなされないのだ。

「就職活動」が違法行為を受け入れさせる

違法行為を若者が受け入れてしまう巧妙な仕掛けが日本独特の就職活動の仕組みのなかにある。これは、ある労働法学者の言葉だが、「日本の学生は、大学三年生まではとてもファッションに気を遣っているが、四年生になると突然全員が同じリクルートスーツを着始めるのに驚く」。確かに、自分の大学生活を振り返ってみても、周囲の雰囲気は就職活動前後で一変した。

社会に出るのを前に、緊張感が増してくるのは当然だろう。しかし、日本の就職活動はもっと特別な意味をもっている。言ってしまえば、「どんなに違法なことでも耐えるのが当たり前」という心情を植えつける作用をもっているのだ。まずは、これを裏付けるデータから見ていこう。図表④は、大学三年生と四年生それぞれに調査を行ない、「絶対に就職先としない」企業の条件について並べたものである。

「ワークライフバランスが良くなさそう」、「離職率が高い」、「定期昇給が無い」、「ボーナスが無い」という四つの項目すべてで、四年生は三年生よりも「絶対に就職先としない」割合が下がっている。つまり、四年生はこれらの条件をより受け入れやすいという結果になった。就職活動を経て、会社に求める労働条件の顕著な低下が見られるのだ。

また、興味深いのは「環境への配慮」といった大学生活で養ってきたであろう価値観までが奪われていく傾向である。ファッションといった「個性」が損なわれるだけではない。ここには人格・価値観の大転換を迫られる様子が見える。就職活動が相当に過酷なものであるこ

図表④　「絶対に就職先としない」要素（男子のみ）

質問項目	3年生	4年生
ワークライフバランスが良くなさそう	41.4	31.0
離職率が高い	55.5	46.6
定期昇給が無い	36.3	27.6
ボーナスが無い	47.3	39.0
環境に配慮していない	29.3	17.2

注：本調査は2011年1月に関東地方、関西地方のおよそ10大学の3,4年生を対象に行った。現時点で3年生から534票、4年生からは98票を回収している。今後4年生を中心に票数を増やす予定である。ここで表している％は無効票を除外した有効％である。

とが、よくわかるだろう。ちなみに過労死を身近に感じる四年生は六二・八％、職場のうつ病を身近に感じると答えた者は八三・七％にも上った。

私たちが受けた労働相談のなかでも、大学のキャリアセンターで「契約書や労働条件のことは聞いてはいけない」と指導されているという話を何度か聞いた。就職活動を通じて「法律は守られるべきだ」という価値観すら、奪われていく。

また、ある有名な人事コンサルタントの話はとても印象深かった。採用面接で「環境問題への御社の配慮」や「ワークライフバランスへの取り組み」について質問した学生については、全員不採用とした、というのだ。彼曰く「学生には勘違いしてもらっては困る。お前たちが企業を選ぶのではない。お前たちが企業でどれだけ利益を出せるか。それが重要なのだ」と。こうした目線にさらされ続けることで、企業を通じた社会貢献の志や、労働条件についてなど「何もいえない、言うべきではない」という思考が身に着けさせられていくわけだ。

「自己分析」という名のマインド・コントロール

こうした就職活動という習慣は、日本独自のものだといってよい。[8] 日本の就職活動においては、「何が採用の基準」となっているのかがはっきりしないため、[9] 落選した学生はひたすら自分の内面を否定し続けることを求められる。象徴的な言葉が「自己分析」である。生まれたときからこれまでの態度、自分がどういう人間であるのか、こうした抽象的な次元で自分自身を否定し、企業にどうしたら受け入れてもらえるのか考え続けさせる。ある種の精神的な試行錯誤、自己変革が求められていく。

欧米においては、採用は職業能力を基準に行なわれる場合が多い。具体的にどのような職業上の能力を有しているか、経験を有しているのか、こうしたことが採用の基準である。不足があれば公共職業訓練を受けるなど、対策もはっきりしている。

一方、日本の企業が求める能力は、「コミュニケーション能力」だ。あいまいで抽象的な基準がもっとも重視され、職業上の専門性は軽視されていることが知られている。

最近流行のキャリア・カウンセラーもこうした流れに一役買っている。[10] 学生に「自分が悪い」ことを認めさせ、心理学的手法を用いて精神をコントロールする。「自分を見つめなおす」ことを通じて価値観や人格を「矯正」してゆくのだ。NHKが今年二月七日に放送した「就活なう」というドキュメンタリー作品においても、カウンセラーが学生に「自己分析」を高圧的な態度で迫る様子が鮮烈に描かれている。「お前たちは何も考えていない」という趣旨の物

8―そもそも定期一括採用と呼ばれる三月卒業、四月入社という慣行自体が日本独特のものである。これは、以前は無駄がなく、非常に効率性の高い採用方法だといわれていた。卒業から就職までの間に空白期間がないからだ。

9―これまでの就職活動では、高校など学校における評価や大学のゼミでの評価がそのまま就職につながった。だから、効率がよかったのである。ところが、こうした学校による評価は今日の大学ではあまり機能しなくなった。しかし、この代わりの基準が存在しない。そのため、不効率な選別を企業も学生も強いられることとなった。

10―もちろんすべてのキャ

言いにたいし、学生たちが泣きながらその「説教」を聞き入る映像は印象的である。学生といえども、大の大人である。二二、三歳にもなりながらまったくの子ども扱いをされ、泣かされながら自己改革を求められる。

効率性からマインド・コントロールへと変わった就職活動

さらに、こうした日本の傾向を推し進めた要因として、もう一つ指摘しておかなければならないのは、二〇〇〇年代の変化である。日本の就職活動が抽象的であいまいだといっても、ここまで人格改造のようなことが求められるようになったのは最近のことである。[11]とくにバブル時代(八〇年代終わりから九〇年代初頭)は、好景気を背景として学生の就職活動はかなり楽なものだった。

ところが、日本はその後長期の不況の時代に入っていく。そのため企業の側が学生を選別する傾向が強まることとなった。ちょうど一九八五年の雇用機会均等法の制定を契機として、それまで学歴別、学校別に住み分けがなされていた労働市場に、徐々に建前としての「自由」が持ち込まれることとなった。「自由」ときくと耳障りがよいが、制度がとりはずされた自由市場では、むき出しの競争が行なわれる。学歴差別はよいものではないが、すでに述べたように日本の市場には職業能力や専門性を評価する仕組みがない。そのため全人格を賭した競争が、制度的な規制や保護なしに、とことんまで行なわれるようになってしまった。

リア・カウンセラーがマイナスの影響を与えているというわけではないし、彼ら自身は悪意があって人格改造に加担しているわけでもない。人格改造が、たとえブラック企業への入社や、会社での従属を生むことになったとしても、失業や非正規雇用ではない正社員としての就職へいたる道筋だと信じているのだ。

11—高度成長期やバブル期においては、ただ「まじめ」であれば一定の就職が学校での評価を経由して、可能であった。ところが、九〇年代後半以降の不況期には、「まじめ」であっても就職できなくなってきた。しかし、就職できない理由は示されない。何をどう頑張ってよいのかわからない状態が、今日まで続いている。

それまで就職活動は大学の就職課や大学の所属ゼミを通じて行なわれる場合や、あるいは応募用の資料を企業の側から特定の大学の学生の自宅に送付するというところから始まっていた。こうすることで、募集の段階からある程度の選別が行なわれていたのである。こうして行なわれる選別は確かに効率的で、ほとんどの学生がそれほど苦労せずに確実に「自分に見合った」企業へと就職していったといわれている。ところが、近年行なわれる方法では、エントリーシート(ES)の受付はインターネット等で自由に行なうことができる。大学も問われない。[12] そのため人気企業(主に大企業)に応募が殺到し、これに落選した学生が徐々に中小企業、「ブラック企業」へとシフトしていくという順番を描くのである。

採用の時期を見るとわかりやすい。商社やマスコミなどの人気大手は比較的早い時期(五月や六月)に採用が行なわれる一方で、中小企業の採用はこの後にずれこんでくる。「ブラック企業」のパターンが広くみられるIT業界や外食産業などは、年度の最後まで募集をかけていて、まさに「どんな条件でも」という状態になっている学生を大量に採用する仕組みになっている(そして、「使えない」者を大量に辞めさせる、使い捨てる)。

ES一枚でも書くことは骨を折る作業である。自分自身の存在を見つめなおし「自己アピール」を書かなくてはならないこともある。多くの学生たちはこれを何百枚と書き、必死になって自分を売り込みながら、すべて否定されるという経験をすることになる。「採用の基準」があいまいであるために、不採用の理由はわからない。そこで毎回「自己アピール」、「自己分析」をやり直す、何百回と。時にはカウンセラーに心理学的手法を用いられたり、手助けされな

12—実際にはコンピューターによって自動的に選別されていることがあるようである。異なる大学の者が同時に応募したさいに、一方だけ「募集打ち切り」として返答されるということがよく聞かれる。

がら。しだいに就労意欲そのものが減退していく学生もめずらしくはない。前出の調査で、就職活動を通じてうつ病の症状がどの程度現われているか、自覚症状についての回答をもとに集計した結果[13]、軽症六・二％、中程度七・二％、重症一・〇％となった。

こうして「自由」な就職活動を通じて、違法行為、ブラック企業、あるいはそれでもだめなら非正規雇用という、現実の労働条件(とはいってもそれは不当な労働条件であるが)を受け入れる精神改造がなされていくこととなる。最近では就職活動が、学生の高望みのために中小企業やブラック企業に「マッチング」ができていないという議論が多く見られる。ほとんどの論者は、若者が中小企業をはじめから選べばよいと主張する。だが、実際にはこれまで見たような精神改造を経て、はじめて中小企業やブラック企業に入る「心構え」が叩き込まれるのだ。こうした就職活動はミスマッチなように見えて、実は人格競争の末に「マッチングしている[14]」のだ。これは「競争的再配置」と呼ぶのがふさわしい。こうした不効率・高コストの一方で、若い社員が違法行為すらも耐え抜いてしまうようになる仕組みがつくられているという意味では、働くものを犠牲にした、一部の違法企業にとってだけの「効率」が実現されているといってよいだろう。

ブラック企業に負けない就職活動のために

以上、見てきたように就職活動をつうじて違法行為やブラック企業への就職が促されて

13―意味内容に変化を与えない範囲で文言を変えているが、WHOのICD-10の基準に則り、チェック項目を作成した。大項目二つと小項目二つに同時に当てはまる：軽症、大項目二つと小項目四つに同時に当てはまる：中程度、大項目すべてと小項目四つ以上に同時に当てはまる：重症、と評価付けした。

14―本当であれば受容しないような労働条件であっても、若者がこれを我慢する理由は、自分が就職活動を失敗したからだ、という自責の念にある。だから、もし若者がはじめから低い労働条件の企業を受けたなら、とうてい納得できない可能性がある。これこそが、「マッチング」の実態なのである。

いるという実態がある。しかし、だからといって就職活動をやめるわけにはいかないし、会社で働かないわけにもいかない。

こうした事実から学んでほしいことは、この後紹介するように、ブラック企業に負けないような就職活動の仕方が切実に必要とされているということである。会社でまじめに働かなければならないのは当然のことである。しかし、違法行為はどのような事情があっても許されない。企業に採用されないからといって、「自己否定」を繰り返し、精神病を発症してしまっては、一生にかかわる問題にもなりかねない。

就職活動をつうじて襲いかかる自己否定の論理を乗り越えるためには、「就職の後」を見据えることが大切だ。私が労働相談を受けるなかで、これまで何十回、あるいは百回以上は聞いたかもしれない言葉がある。ひどい違法行為を受けているはずの相談者が、「この会社を選んだ自分もわるいので」と申し訳なさそうに言うのである。社会を裏切っているのは違法行為を行なっている会社のほうなのに、「こんな会社にしか入れない自分がわるい」と立場がひっくり返ってしまっているのだ。

いうまでもなく違法行為にたいしては、法律の行使でさまざまな解決の道筋がありえる。就職活動を経てもそうした「正しいこと」の判断力や、自分自身の価値観を見失わず、入った後ももち続けていくことが、社会人として大切なスキル[15]だということを強調しておきたい。

15―実際、労働法や相談窓口をうまく使うことで、会社を辞めないですむ場合はある。また、辞めてしまうにしても、うつ病にさせられることを回避したり、賠償金を取ることによって、次の仕事へと着実に進んでいくことができる。

4 ブラック企業に負けない「合言葉」

残念ながら、ブラック企業を見分ける万全の方法はありません。ブラック企業だとわかるときはありますが、ブラック企業ではないと確実に判断することは私たちにも難しいのです。

しかし、打つ手はあります。「もしもブラック企業に入ったらどうするか」を考えておけばよいのです。法律の条文を覚える必要はまったくありません。キャリアを棒に振らないための、ブラック企業に入ったときに役立つ「合言葉」を覚えておけばよいのです。

〔合言葉①〕会社の言うことがすべてではない！

一つ目の合言葉は、「会社の言うことがすべてではない！」です。2章では、さまざまなブラック企業のパターンを紹介しました。これらはいずれも違法なことですが、今の職場では平然と行なわれてしまっています。逆の見方をすれば、職場で平然と行なわれていることであっても、実は法律を守っていないことはたくさんあります。法律を破っている状態は、法律で解消することができます。

しかし、ブラック企業がいきなり自分の会社が違法だと認めるはずもありません。実際、「うちの会社はここがおかしいのではないか」と会社に主張したとしても、色々な言葉が返ってきます。強引な言い方・狡猾な言い方・支離滅裂な場合とさまざまですが、どんな会社でも、さも自分が正しいかのように主張するのです。

「変だ」と感じたらたいてい違法

会社が正しそうな言い方をしていても、「会社の言うことがすべて」と思い込む必要はありません。むしろ、あなたが職場をおかしいと感じたときは、たいていの場合違法であると思ってよいでしょう。

POSSEには、「これは違法ではないでしょうか」という質問がたくさん寄せられています。おそらく、弁護士や労働組合よりもこういう質問をしやすいのでしょう。この相談から見えてくる労働者の「権利意識の低さ」にはいつも驚いてしまいます。

たとえば、給料が一円も払われていない人が、会社におかしいと言って懲戒解雇されてしまう。こういう、誰が見ても「それは違法になりそうだ」と思うような事案でも、当人は「違法なんだろうか」と自信無げに来るのが日常茶飯事なのです。それだけ、普段から会社のなかで無理がまかり通っているのだろうと推察できます。

他の人の話として聞いているうちは、皆さんも「権利意識の低さ」をわかると思います。しかし、いざ自分が当事者になってしまうと、おかしいということに確信がもてなくなることがあります。先ほどの相談者も、こちらで法律について説明すると、「やっぱりそうですよね」と明るい顔で帰っていきました。

「会社は強力な弁護士や社労士を味方につけて理論武装しているに違いない。きっと法律の抜け穴をうまく使っているんだろう」と思う方もいるでしょう。しかし、実際に会社と交渉してみて、「会社はこんなに法律のことを知らずにめちゃくちゃなことを言っていたのか」と驚く人はたくさんいます。なかには、労働者に「おかしい」と言われてからヤフー知恵袋で質問して反論するという経営者もいるのです。

ですから、きちんと法律に基づいて主張すれば、いくらでも改善可能です。そのためにも、「会社の言うことがすべてではない!」と覚えておくことが大切なのです。

ブラック企業がよく使う方便

次に、ブラック企業がよく使う方便をいくつか紹介しておきます。これらに該当するような場合には、違法なことをごまかそうとしていると思ってよいでしょう。

①「うちではこうなんだ!」と言い張る

これはまだ可愛げのあるパターンで、こういう言い方をしている時点で怪しいと見透かすことができます。労働法は社会のルールで、会社のルールに優先します。ですから、会社のルールで反論するというやり方は賢くありません。

②「どちらかを選べ」と選択肢を示す

「減給しなければ解雇」とか、「言うことを聞かなければ減給」とか、この論法は実によく使われます。「君を解雇したくないから、減給に応じてくれないか」と優しく諭すときにも、実はこの論法が使われています。この手の場合、第三・第四の選択肢があっても、意外と気付かずに「どっちが得か」と考えてしまう人が多いようです。

③ 弁護士・社労士の名前を借りる

かなり悪質なパターンですが、法律違反と思えるような手紙であっても、社労士や弁護士が判子をついて送りつけてくる場合があります。法律的には「赤点」の書面がほとんどですが、送られた方はつい会社が正しいと信じ込んでしまいますし、弁護士・社労士にとっては簡単に稼げるおいしい仕事ということもあって、こういうケースはよくあります。

④ 「争うと立場が悪くなる」と脅す

ごまかしだけではきかなくなると、脅しを織り交ぜてきます。脅しに屈して争うのをやめたところで状況が改善するわけではありませんし、「合言葉②」で紹介するように、あきらめなければだいたいの問題は解決します。それだけ違法状態は当たり前のように起きているからです。逆に、それだけ言い逃れができないような場合の脅しとして、「再就職できなくなるぞ」などの脅しが使われます。

こういった手口がありますので、たとえもっともらしい言い方を会社がしていたとしても、弁護士事務所から手紙が送りつけられたとしても、それが絶対だと判断するにはまだ早いのです。あくまで「会社の主張はこうだ」という程度に考えておいて、本当の選択肢については専門家と一緒に考えるのが最善でしょう。

〔合言葉②〕あきらめない！　自分を責めない！

二つ目の合言葉は、「あきらめない！　自分を責めない！」です。

自分を責めない！

ブラック企業に入ると、何もかもあなたが悪いことになります。もしかしたら、あなた自身が「私にも悪い所があるかもしれない」と思うことがあるかもしれません。でも、自分を責めているだけでは状況は変わりませんし、仮にあなたに少し落ち度があるとしても、それが会社の違法行為を正当化する理由にはなりません。

状況を変えるために、「会社に問題はないか？」と考えてみることが大切です。就活や新人研修を経て、「自分が悪い」と考えるような思考を、多くの人が植え付けられています。仕事の効率を上げたり、上司とのコミュニケーションを変えてみたり、ストレスとの向き合い方を変えてみたり、自分が変わることで改善を試みることもよいでしょう。しかし、会社がわざとパワハラをしてくるようなこともあります。「自分の気の持ちようを変えよう」と考えるだけでは、状況が悪化することもあるのです。

あきらめないかどうかが分かれ道

ようやく会社が悪いということをはっきり自覚しても、法律を「知る」ということと法律を「使う」ということの間にはものすごい開きがあります。

違法行為を行なっているブラック企業は、あらゆる手を使って労働者の権利行使を阻止してきます。電話を頻繁にかけたり職場で圧力をかけたりすることで、労働者を精神的に追いつめてあきらめさせようとします。そこで「企業に迷惑がかかるから」、「自分にも落ち度があるから」とあきらめてしまうと問題は解決しません。どうせ何も変わらないとあきらめてしまったら、本当に改善は望めなくなってしまいます。本人が会社と交渉することを覚悟しないと、どんなに優秀な弁護士が味方についても解決することはできません。

とくにうつ病の事例の場合、一度離職してしまうと正社員として再就職する見込みはきわめて低くなってしまいます。また、辞め方によっては離職した後の生活までめちゃくちゃになってしまうことがあります。ブラック企業の違法行為にたいしてあきらめてしまうと、人生が狂ってしまいかねないのです。まずその点を確認しておきましょう。

逆に、最後まであきらめなければ、私たちが見て「会社が悪い」と思った事案はまず解決できます。ブラック企業の違法性は、それだけはっきりしているからです。

大きな会社が相手でも、労働者の主張が正しければそちらを通すのが労働法です。そして、どんなに悪知恵を駆使しても、無理を通すのは限界があります。だから勝てるのです。覚悟を決めて向き合ってみると、強大に思える会社も蓋を開ければそれほどではなかったことがわかったりもします。

会社にあきらめさせられてしまうか、自分はあきらめないと腹を決めるのかという葛藤が、ブラック企業に泣かされないためにもっとも重要な闘いだといっても過言ではありません。

ＰＯＳＳＥで相談を受けていて一番難しいのがこの点です。相談に来た本人があきらめていたり、自分が悪いと思いこんでいたりすると、そもそも会社と交渉することができません。ですから、きちんと話をして、落ち度は会社にあるのだということを何度も説明します。

ミス・能力不足・体調不良・低学歴……。こういったものは「自分が悪い」と思い込ませる材料として取りざたされることが多いですが、まさに「会社の言うことがすべてではない！」のです。労働者はまったく悪くなかったり、少し落ち度があるとしてもブラック企業のそれとは比べ物にならなかったりという場合ばかりです。

どうせ何も変わらないとあきらめないこと、自分だけを責めないことは、労働問題を解決するための最初の、とてつもなく大きな一歩なのです。ですから、ブラック企業は逆に、労働者をあきらめさせるためにあの手この手を弄したり、労働者が自分が悪いと思い込むまでいじめ抜いたりするわけです。

負い目を感じる必要はない

最後に、権利を主張することに負い目を感じなくてよいということも付け加えておきます。

「権利を主張するのはわがままで、子どものすることだ」というような誤解もたまに見受けられますが、むしろ法律に基づいて自らの主張をきちんとすることは市民社会で生きていく力そのものです。

会社の同僚や上司にとっても、労働法を守らせて職場をまともな状態に戻してコンプライアンスを実現することは、プラスでこそあれ、迷惑などではありません。労働者が法律を使うことを迷惑に感じるのは、ブラック企業を維持して得をする人だけです。黙っていても誰かが助けてくれるわけではありません。「それは違法です」と主張することに負い目を感じる必要はないのです。

〔合言葉③〕おかしい・つらいと感じたら専門家に相談する！

これまでは、心構えの話が主でした。ここからは具体的な話に入ります。三つ目の合言葉は、「おかしい・つらいと感じたら専門家に相談する！」です。

NOは無理でもSOSを

うつ病になってから相談に来る人が非常に増えています。ブラック会社に「おかしい」と声をあげることは難しいかもしれませんが、せめて専門家にSOSと言う心の準備だけはしておいてほしいと思います。

よく、「まだ会社と争うかどうかもわからない状況で相談に来てすみません」と謝られることもあるのですが、まったく問題ありません。専門家に相談しておけば、客観的に見た会社の違法性、記録の残し方、今後の対応の選択肢など、さまざまなことを知ることができます。先々のことも考えやすくなるでしょう。

ですから、「会社のここが違法だ」とわかっていなくても相談に行った方がいいと思います。事態が悪化してからでは選択肢が減ってしまうこともありますし、記憶が曖昧になってしまうこともあります。相談に行くタイミングとしてわかりやすい目安は、会社の違法性がはっきりしたときではなく、「おかしい・つらい」と感じたときです。

これは病院に行くときと同じです。「自分の体調が悪いのはおそらく○○が原因で××という疾病に罹患しているに違いない。この薬を処方してもらおう」と判断してから専門家である医師に相談する人はいません。「しんどいな」と感じたときに病院に行くのです。

おかしいと思ったら相談してみればよいのです。相談してみた結果、「会社の状態は違法ではない」と確認できればそれはそれでよいわけですから。

どこに相談に行けばいいかを知る

ブラック企業に入ってしまったときにきちんと対処するためには、細かい法律の知識はそれほど必要ありません。「おかしいと感じる場合はたいてい違法」と理解しておいてもらえればOKです。しかし、どこに相談に行けばいいのかだけは、知っておいた方がよいでしょう。

病院と違って、職場の相談をどこで受け付けているのかはあまり知らない人がほとんどだろうと思いますので、労働相談を受け付けている窓口をいくつか掲載しておきます。

「この場合、どこに相談するのがよいのか知りたい」という場合には、まずはPOSSEに相談していただければ適切な窓口を紹介します。

POSSEは、東京（下北沢）・京都・仙台に事務所を構え、無料で相談を受け付けています。巻末の連絡先もご参照ください。

TEL：03-6699-9359
mail：soudan@npoposse.jp

ユニオン（労働組合）

◇**コミュニティ・ユニオン全国ネットワーク**
全国各地に相談場所をもっているユニオン。
【TEL】03-3638-3369
【HP】http://sites.google.com/site/cunnet/

◇**ガテン系連帯**
製造業現場で派遣・非正規雇用で働く人のユニオン。
【TEL】03-5820-0868
【HP】http://www.gatenkeirentai.net/
【mail】info@gatenkeirentai.net

◇**首都圏青年ユニオン**
1人で加入できる、若者のためのユニオン。
【TEL】03-5395-5359
【HP】http://www.seinen-u.org/
【mail】union@seinen-u.org

◇**全国一般東京東部労働組合**
東京都の東部で働く人のためのユニオン。
【TEL】03−3604−5983
【HP】http://www.toburoso.org/
【mail】info@toburoso.org

◇**女性ユニオン東京**
働く女性のためのユニオン。
【TEL】03-5352-6630
【HP】http://www.f8.dion.ne.jp/~wtutokyo/
【mail】wtutokyo@f8.dion.ne.jp

NPO法人

◇**NPO 法人労働相談センター**
東京都の東部を中心に全国で相談受付。相談件数は全国随一。
【TEL】03-3604-1294
【HP】http://www.rodosodan.org/
【mail】consult@rodosodan.org

◇**NPO法人もやい**
生活保障に関する相談はこちらへ。
【TEL】03-3266-5744
【HP】http://www.moyai.net/
【mail】info@moyai.net

弁護士・行政

◇**日本労働弁護団**
無料相談を受け付けている弁護士の団体。
【TEL】03−3251−5363
【HP】http://roudou-bengodan.org/

◇**労働基準監督署**
管轄は労働者の住所ではなく職場の住所で決まる。
【HP】http://www.mhlw.go.jp/bunya/roudoukijun/location.html

◇**労働局**
【HP】http://www.mhlw.go.jp/bunya/roudoukijun/pref.html

〔合言葉④〕証拠・記録を残す！

四つ目の合言葉は、「証拠・記録を残す！」です。これは就職前からできることですし、今日にでも始めてほしいと思います。

証拠や記録は、会社と交渉するさいにはもちろん、専門家に相談するときや働き方を見直すさいにも必要です。とくに会社と交わした契約書や社会保険の資料などの記録を残しておくことは、就活生が絶対に身につけておくべき「社会人力」です。

①契約、②労働時間、③パワハラ・セクハラの三つのケースを想定して、どういうものが証拠になりうるかのリストを作りました。もちろん、ここに挙げたもの以外のものが証拠として活きるケースもあります。とにかく、いざというときに備えておくに越したことはありません。

契約の記録の残し方

賃金が思っていたよりも低い、正社員のつもりで入社したのに非正社員の扱いだったなどの問題が発生したときには、「最初の約束」を示すものがあると証拠になります。

【証拠リスト】求人情報・会社説明会の資料・雇用契約書・就業規則・給与明細・ｅｔｃ

労働時間の記録の残し方

労働時間が長い場合、タイムカードのコピーがあると便利です。しかし、会社にタイムカードが設置されていなかったり、あってもコピーができない・改ざんされているなどの場合には代わりになる自前の証拠を用意しなければいけません。

【証拠リスト】タイムカードのコピー・労働時間のメモ・会社のＰＣのログ・タクシーのレシート・職場からのメール・ｅｔｃ

パワハラ・セクハラの記録の残し方

パワハラやセクハラは最も証拠が残りづらいものです。メールなどがあればそれがそのまま証拠になりますが、そうでない場合はなるべく具体的で詳細なメモをつけておくか、録音しておくかする必要があります。なお、自衛として「隠し録り」をすることで法律的に責任を問われることはありませんのでご安心ください。

【証拠リスト】日記(だれが・いつ・どこで・何をして・自分はどう感じたかを書く)・ICレコーダーの録音・メール・etc

POSSEは、これらの記録を残すために『しごとダイアリー』(合同出版・三〇〇円)というメモ用の書籍を発行しています。自分の手帳でも応用できますので、どのように記録をつけたらよいかを、簡単に下に紹介します。

○月 ○日 ○曜日		始業	終業	休憩時間
		5:00	19:00	1:00
シフト	労働時間	シゴトの内容		
0				
1				
2				
3				
4				
5		5時始業		
6				
7				
8		佐藤部長から研修会企画書作成指示		
9		鈴木課長から高橋商事の件手帳納入の対応		
10				
11				
12		12時05分〜12時50分まで休憩		
13		13時半〜15時、田中企画社訪問		
14				
15		15時半、佐藤部長から今日中にDM100通発送指示		
16				
17				
18		19時終業、シンポ企画書作成完了、DM発送完了		
19		佐藤部長指示の企画書は未了		
20		鈴木課長の高橋商事の件未了		

就業場所	交通機関
○○○市○○工場	○○○電鉄○○駅ー○○駅(帰宅も同様)
気になったこと	
・朝、出勤してすぐに、鈴木課長に、 「明日から3日間、有給休暇を取りたい」と伝える。 課長、「え、急に言われても困るよ」との答え。 「具体的に何が困るのでしょうか」と聞いたら、 課長、返事に窮する。 「困らないように今日頑張りますから。」といって、席に戻る。 ・佐藤部長の発言。 8時半ころ、部長の席に呼ばれて企画書作成の指示を受けたとき、 部長が、「かわいい顔して、仕事となるとまるでだめだな。これだから 女は困る。 悔しかったら、そう言われないように根性見せろ」と言う。 顔は関係ないし、男か女かということも関係ない。ムカつく。 席に戻っても気分がすぐれず、トイレへ。 昼食もよく食べることができず。 そのせいか午後頭がクラクラした。 ・15時半、佐藤部長から、「そういえば忘れてたんだけど、DM100通を 今日中に発送しといて」と指示を受ける。 今日のシフトは16時までの予定。今ごろいわれたら 定時になどあがれるわけがない。残業決定。 だいたい「忘れてたけど」ってなに?	

COLUMN 奨学金とブラック企業

「こんなブラック企業はとっとと辞めてしまった方がよいのではないか」。こう思えるような職場でも、会社を辞める踏ん切りをつけるのはなかなか難しいようです。再就職がとても難しくなることや失業保険が十分でないことも理由として考えられるのですが、就活生へのインタビューや労働相談を通じて、より切迫した事情が見えてきました。

その原因のひとつが奨学金です。日本学生支援機構(旧育英会)の奨学金は学資資金の融資にすぎず、多くは有利子です。親の仕送りが望めない人は奨学金を借り、アルバイトもするわけですが、就活が始まるとシフトを減らさざるをえなくなります。一方、就活の費用は増えるので、多くの新入社員は借金を抱えて働き始めることになります。借り入れという自助努力で就活を勝ち抜かなければならない現状では、経済的に重い負担が個人にのしかかっているのです。

さらに、奨学金は返済猶予を得ることが難しく、学生ローンとの多重債務があっても考慮されません。しかも返済しなければ厳しいペナルティが待っており、クレジットカードやローンを利用できなくなります(「ブラックリスト」への登録措置)。学生や就活生の生活苦が、ブラック企業から若者を離れさせない役割を果たしていると言わざるをえません。

5 ブラック企業への対処術

ブラック企業に入ってしまうと、自分が壊れるまで過酷な働き方を続けさせられるうえに、一度壊れてしまうと会社から追い出されてしまいます。我慢してやり過ごそうとしても、自分の身を守ることはできません。

そこで、この章では、実際にブラック企業で困った目にあった場合の対処術を紹介します。実際には専門家に相談するのが一番ですが、そのさいのイメージ付けとして読んでみてください。

［対処術①］適当な「選別」をされたら

入社後の選別競争で問題になるのは、会社は適当な理由で労働者を辞めさせてはいけないということです。

会社が労働者を一方的に辞めさせることを「解雇」と言います。解雇には、手続き上のルールと、理由にかんするルールの二つがあります。まず重要なことは、たとえ「試用期間」であっても、労働者である以上はこれらのルールが適用されるということです。さらに、まだ働いていない内定者にもこのルールは適用されます。

解雇の手続き上のルール

手続き上のルールについては、「三〇日以上前に解雇することを予告しなくてはいけない」と決まっています。仮に三〇日前の予告ができない場合には、不足した日数分の賃金（解雇予告手当）を支払う義務が会社にはあります。

たとえば、半年間の「試用期間」を設けられていた場合、半年が経ったその日に「本採用しないので明日から来なくてけっこうです」などと言ってクビにしたら違法ということです。

解雇の理由にかんするルール

理由にかんするルールにはさまざまなものがありますが、そのうち重要なのは、解雇された場合には、理由をきちんと示すよう会社に要求する権利があるということです。そして、「労働者によほどの落ち度がある」か、「会社の経営によほどの困難がある」かのいずれかの場合にしか解雇できないということも重要です。「落ち度」というのはなかなか判断が難しいかもしれませんが、普通に勤務していてこれに該当することはまずありません。また、「経営上の理由」の場合にも、かなり厳格なルールが課せられています(※整理解雇の四要件)。少なくとも交渉の余地は残されていると言えます。

契約の雇用形態を確認する

繰り返しになりますが、これらのルールは内定者にも「試用期間」中の者にも適用されます。これらのルールに則っていない解雇は、いずれも違法ということになるのです。

ここで、一つだけ注意しておいてもらいたいことがあります。雇用契約書の雇用形態や雇用期間をしっかり確認しておいてください。会社によっては、「本採用」前の状態を「契約社員」として雇っているところがあるからです。

「試用期間」の場合、雇用契約書には、たとえば「正社員採用する(半年間は試用期間とする)」などと書かれています。しかし、「本採用」前の状態を、「試用期間」ではなく、たとえば半年契約の契約社員として雇うような場合もあるのです。この場合は半年間の雇用契約で契約書が交わされていますから、「解雇しないでほしい」という要求をしづらくなってしまいます。書類にサインするさいに雇用形態・雇用期間などをきちんと確認し、もし契約社員の扱いになっているのであれば、本採用されることについてきちんと確認をしておくことが大切です。

「本採用」されなかったら

実際に「本採用しません」と言われてしまった場合には、どのような対応をしたらよいのでしょうか。

まず、会社がどのタイミングで解雇しようとしているのかを確認しましょう。会社の「もう来るな」という主張にたいして「まだ働きたい」と要求するわけですから、一度会社に行かなくなってしまうとなかなか会社と交渉しづらくなってしまいます。ですから、時期を確認し、対策を練れる猶予がどの程度残されているのかを把握しましょう。

同時に、会社に「もう来なくていい」と言われた場合、「わかりました」と答えないことが大切です。断りきれないときは「考えさせてください」とごまかしてしまってもよいので、その場では了承しないようにしましょう。解雇はあくまで「会社が一方的に辞めさせる」場合のことで、労働者が合意して辞める場合（合意退職）には右のルールは使えないからです。

次に、会社に行っている間に対応を取ることが重要です。会社には「働き続けたい」と求めることもできますし、「働き続けられなくなったのは会社のせいだから生活費を補償してほしい」と求めることもできます。しかし、いずれの場合でも「働き続けたい」という意思を示す必要があるので、実際に行かなくなってしばらく経ってしまってからより、早いうちに動いておいた方が有利なのです。極端な話をすると、「明日から来なくていい」と言われた場合にも次の日にはまた会社に行き、「帰りなさい」と指示を受けてから「自宅待機」するようにした方がよいほどです。「会社に行っていない」という既成事実を残さないうちに交渉に入ることが重要ということです。

※整理解雇の四要件

経営上の理由で労働者を辞めさせる場合には、①経営上の高度な必要性、②解雇回避の努力、③人選の合理性、④労働者にたいする説明・協議の四点があるかどうかで解雇の合法性が判断されます。この四つの要件が、整理解雇の四要件です。

COLUMN 契約には「守らなくていいもの」がある

ブラック・パターンのなかには「試用期間」でクビにするというものがありました。「試用期間」は、終身雇用を前提とした日本社会で、一度雇うとなかなかクビにできないからこそ、契約後にもよくよく人材を判別したいという使用者の要求から生まれました。「一生雇う」からこそ与えられた「特権」のようなものなのです。もちろん、よっぽどのことがないと「試用期間」でクビにすることもできません。しかし、労働相談のなかでは「試用期間」と書いてあると、どんな場合でもクビになっても仕方ないと思い込んでしまうケースが多いのです。立命館大学の吉田美喜夫先生（労働法）は次のように話してくれました。

「今の若い人たちは契約意識が強くなっていると思います。つまり、約束（契約）は守らなければならないという極めてシンプルなものですが、逆にそれに縛られてしまっているところがある。ところが、契約論の大事なところは、契約には守らなくてはならないものと、守らなくてもいい、あるいは守ってはいけないものとがあるということです。契約の拘束する面ばかりを見てしまうとよくありません。公序良俗に反する契約には、拘束力がありません。いくら約束したって、そんな約束には法的な効力が認められない、守る必要も何もないのです。このもう一方を教えないといけません」。

［対処術②］賃金がきちんと支払われなかったら

賃金を支払わないのは犯罪です。少し欠けても違法です。会社は、きちんと契約どおりの賃金を支払わなければいけませんし、その契約内容は法律を守ったものでなければいけません。

賃金支払いのルール

賃金は、働いた時間に応じて支払わなければなりません。ちなみに、時間は一分単位で計算することになっていますので、三〇分ごとにしかカウントされない職場は、その時点で違法だということになります。

これをふまえて、残業代のルールについてクイズを一問解いてみましょう。少しややこしいかもしれませんが、実際に自分で未払い賃金を概算できた方が、交渉するべきかどうかを客観的に判断できます。

「Aさんの労働条件は、定時が九時～一八時で休憩が一時間、時給は一〇〇〇円です。昨日は九時～二三時半まで働きました。休憩はきちんと一時間とっています。Aさんの昨日の賃金はいくらになるでしょうか。」

まず、実際に働いた時間を確認します。定時の時間は関係ありません。休憩の時間は差し引きますから、一三時間半働いたことになります。定時以降の賃金が払われていない会社もたくさんありますが、それはすべて違法です。

次に出てくるのが、賃金の割増です。二二時以降の深夜労働や一日八時間以上働いたさいの時間外労働については、一定以上の割増をするように法律で決まっています。ですので、「一三・五時間分の賃金だから一万三五〇〇円だけ支払う」というのは残業代や深夜割増の不払いになります。これらの割増率については左の割増率一覧表を参考にして下さい。Aさんの場合、五・五時間の時間外労働と一・五時間の深夜労働をしているので、割増賃金は合わせて一七五〇円です。したがって、この割増率で計算すると、総額一万五二五〇円が、Aさんの昨日の賃金ということになります。もちろん、法律で定められているのは「最低」の割増率ですから、契約でもっと高い率にすることは違法ではありません。

働いた時間の記録を残す

もし残業代がきちんと支払われない職場に入ったら、労働時間の記録を自分でつけるようにしてください。会社が残す記録は、改ざんされることも、隠されることもあるからです。労働時間は金銭だけでなく健康にもかかわる問題ですから、すべての人に記録をつけてほしいところです。

賃金の時効は基本的に二年とされています。すぐに請求する気がなくても、もしものときに備えて早いうちから記録を残しておきましょう。請求方法については、対処術③で紹介します。

時間外・休日労働の割増率

割増労働	説明	割増率
①時間外労働	1日8時間、週40時間を超えた部分	25%以上
	月の残業が60時間を超えた部分（大企業のみ）	（50%以上）
②深夜労働	22時～翌5時に働いた部分	25%以上
③休日労働	法定休日に働いた部分	35%以上
④時間外＆深夜	＝①＋②	50%以上
		（75%以上）
⑤時間外＆休日	③は①も含んでいると考える	35%以上
		（50%以上）
⑥深夜＆休日	＝②＋③	60%以上
⑦時間外＆深夜＆休日	＝②＋⑤	60%以上
		（75%以上）

※法定休日：毎週少なくとも1日、または4週間に4日以上は休日を与えなければならないと法律で定められています。これを法定休日と言います。休日＝土日ではありません。週休2日の会社で1日だけ休日返上で働いた場合にも休日労働分の割増は発生しません。

［対処術③］「固定残業代」の職場に入ったら

固定残業代が合法かどうかを見分けるポイントは、①含まれる残業代の金額・労働時間がはっきりわかるか、②最低賃金や残業代の割増率を下回っていないか、③固定された残業代を超過した分については追加で支払っているか、の三点でした（パターン③参照）。これらの条件を揃えていない固定残業代は違法で、簡単に言えば賃金未払いの一つの形態にすぎません。

常に求人内容を確認

固定残業代の対処については、まず、契約をきちんと確認することが重要です。契約を交わしたときの合意が優先されますが、会社の求人や会社説明会で提示された労働条件についてもきちんと記録を残しておきましょう。早めに見抜くことができた場合には事前にその会社を避けることもできますし、後になって言い出した場合には、会社が詐欺的な求人を出していたことの重要な記録となります。

もしブラック企業に入ってしまってから違法な「固定残業代」に気がついた場合、残業代の未払いと同じように未払い分を請求することができます。

しかし、固定残業代の場合に厄介なのは、「本当の契約はいくらか」ということがわかりづらくなっている点です。たとえば「月給二〇万円（ただし残業代五万円を含む）」という契約になっている場合、一月の基本給は一五万円と考えるのか、それとも①の条件を満たしていないので基本給は二〇万円と考えるのかは、「合意の中身」にかかわりますので、正直なところケースバイケースです。当然、基本給が高い方が残業代も高くなりますから、会社は低い方がよいと考えるはずです。逆に、労働者にとっては高い方がいいので、未払い賃金を請求するさいは、まず基本給を二〇万円として算出してしまってよいでしょう。

請求には内容証明郵便を

　未払い賃金を個人で請求するさいには、内容証明郵便を送るという手段があります。郵便局に記録が残る書面ですので正式な請求という意図が伝わりますし、「請求なんてされていない」という言い逃れもしづらくなります。また、労働基準監督署(「対処術⑦」を参照)に告発するさいにも、「請求したのに払われなかった」ことを示す書類として、内容証明郵便はかなり有効です。

　内容証明郵便は書式が決まっています。次頁に記載例を載せ、書式と書くべき内容を紹介しています。「対処術②」を参考に請求金額を算出し、内容証明郵便を送付すれば、個人でも賃金未払いを問題にすることができます。

内容証明郵便の書き方

　内容証明郵便には決まった書き方があります。

◇一行二〇文字以内、一枚二六行以内(句読点含)。

◇仮名、漢字、数字、句読点、カッコは使用可。英字は固有名詞のみ可。

　詳しい書き方は日本郵便のＨＰを参照してください。

　提出するさいは三部コピーしたものを持っていきます。一部は手元に残り、一部は相手に送られます。そして残りの一部を郵便局が保管することで、「送ったかどうか」の水掛け論を防ぐことができるのです。押印(三文判で可)も必要です。

内容証明郵便の記載例

通　知　書

20×× 年 × 月 × 日

【受取人の住所】
【受取人の名前】

【差出人の住所】
【差出人の名前】

前　略

通知人は、20×× 年 × 月 × 日より × 月 × 日まで貴社で勤務しておりましたが、合計○○○○○円の未払い賃金があります。

当方の計算では、この間の深夜労働時間は○○○時間、通常の労働時間は○○時間です。上記深夜労働については○○○○○円、通常労働については○○○○○円が支払われるべき賃金です。

しかし、貴社は通知人に対し○○○○○○円しか支払っておりません。通知人は、本書をもって、上記差額分を請求します。

× 月 × 日までに、下記銀行預金口座に振り込んでお支払いください。期日までに確認できない場合は、遺憾ながら法的手続きに移行させていただきます。

草　々

記

【銀行口座＆名義】

以　上

［対処術④］「使い捨て」されてしまう前に

「使い捨て」型のブラック企業に入ってしまった場合、まずは身体や精神が限界に達する前に何かアクションをとることを考えてほしいと思います。こういう会社で体調を崩してしまうとまず間違いなく追い出されます。会社で働き続けたいのであれば、体調を崩す前に何とか手を打っておくにこしたことはありません。また、どうせ辞めるつもりでいるのなら、限界に至ってからでは再就職が難しくなってしまいます。せっかく入ることができた会社だからできるかぎり頑張りたいという方がよくいらっしゃるのですが、とにかく「うつ病になる前に何とかする」ことを意識してほしいと思います。

予防的にしておいた方がよいこと

予防的にできる対処術は、二つあります。一つは、労働時間の記録をつけることです。残業代の請求のさいにも役立ちますが、体調を崩してしまった場合にも労働時間の記録は役に立ちます。労働時間の記録の仕方については「対処術②」を参照してください。

「使い捨て」型のブラック企業では、新卒労働者に課される過大なノルマや過重な責任が原因でうつ病を発症することもあります。そこで、二つ目は、上司の叱責や与えられた責任についても、うつ病になったときに備えてきちんと記録を残しておくことです。

「働きすぎ」の目安

職場でかかるうつ病の多くは、過労が関係しています。そこで、働きすぎていないかどうかのセルフチェックをしておくことが重要です。そのさいの一つの目安になるのが「過労死ライン」です。脳や心臓の病気にかかった場合に、これだけの時間働いていたら働き方が原因だと認めよう、と定めたラインが「過労死ライン」(詳しくは三四頁のコラム「過労死やうつ病の増加」を参照してください)です。この目安になっているのが、「毎月八〇時間残業しているかどうか」です。元々体が丈夫な人であっても、いつ病気になってもおかしくないような働き方です。こうした働き方は日本では当たり前になっていますが、体に無理のある働き方ですから、生産性が低いという指摘が出てくるのも当然といえます。毎月八〇時間の残業というのは、たとえば週休二日の場合、一日一二時間以上働いている人が該当します。週に一日しか休みがない人は、毎日一〇時間働いていれば危険な働き方だと考えた方がよいでしょう。

不調を感じたら

次に、もし心身に不調を感じた場合には、思い切って休むという手もあります。こういう会社ではなかなか難しいかもしれませんが、有給休暇を使ってきちんと休息を取るというのも大切なことです。入社一~二年目でうつ病になってしまう人もたくさんいます。そうなると再就職も難しくなってしまいますし、会社と交渉することもしんどくなってしまいます。なるべく未然にうつ病を防ぐことが重要です。

それでもうつ病になってしまったら

もし万が一うつ症状が出てしまったら、なるべく早期に医師の診断を受けましょう。そのさい、職場環境に思い当たるところがあれば、きちんと伝えましょう。医師が「職場のストレスが原因」であると診断した場合、その後の労災申請などが格段に進めやすくなります。

うつ病やその他の精神障害にかかっていることがはっきりした場合、おそらく、医師からは休職した方がよいと勧められる場合がほとんどです。そのときは、医師の指示どおり会社を休むことを考えた方がよいと思います。

「会社を休むとクビになってしまう」という方もいますが、うつ病になってしまうと、ブラック会社はまず「お荷物」だとみてきます。体に鞭打って仕事を続けても、それすらかなわなくなったとき、やはりクビになってしまうのです。こういう会社の場合には、業務による病気のために休職するからクビにしないようにと求めながら休むほかないのが実情です。このとき、残しておいた記録が役に立つのです。

うつ病になって休んだら

職場のストレスでうつ病にかかり、会社に行けなくなってしまったら、その時点で一度労働問題の専門家に相談しておくのがよいでしょう。休むほどの精神障害にかかれば退職勧奨を受けることがほとんどですし、時間的にも状況的にも余裕のあるうちに相談しておいた方がよいからです。

労働者の精神衛生や健康にかんして会社はきちんと配慮する義務がありますから、長時間労働や過重なノルマ、パワハラなどの職場環境が原因でうつ病になってしまった場合には会社に損害賠償を求めることもできます。

最善の手は、働き方を変えること

ここまで、働かせすぎの職場への対処術を紹介してきましたが、一番効果的なのは、働き方を変えてしまうことです。いつ誰が倒れてもおかしくないような職場で、効率のよい仕事などできるはずもありません。

労働組合の団体交渉などを利用して使用者ときちんと話し合い、働き方そのものを変えてしまうという道も、実は用意されています。なかなかそのような取り組みをすることは大変かもしれませんが、法律を使えば、今よりもっとよい職場で働き続けることができるのです。

［対処術⑤］退職時の嫌がらせにあったら

「もうこんな会社は辞めてしまおう」。そう思うようなブラック企業に入ったら、退職時の嫌がらせにまともに付き合う必要はありません。

辞めるのは労働者の自由

当たり前の話ですが、自分の意思で辞められなければ、強制労働で働かされる奴隷と同じです。ですので、基本的には辞めてしまってＯＫです。

「辞める二週間以上前に伝えておく」とか、「就業規則に従った方がよい」などと書いている法律の本もあります。もちろん、そうしておく方が無難でしょう。しかし、何度話しても聞き入れてもらえないような職場で、「会社の許しを得てから二週間」を守る必要はありません。二週間から一か月ほど前に辞める意思を伝えておけば十分でしょう。また、自分の身を守るために早々に会社から離れたいという人には、二週間を待たずにいきなり辞めてしまってよいとアドバイスする場合もあります。会社の状況が酷ければ、もはやまともな契約関係は成立していないと考えることもできますし、後述するように、会社に損害賠償をしなければいけなくなる、というようなことはないからです。律儀に離職の許可をもらおうとしている間に状況が悪くなるよりは、会社に行くのをやめて事実上退職してしまった方がよい場合もあるのです。

逆に「今月で辞めたい」と言ったら、「じゃあ今すぐ辞めろ」と言われたような場合はどうでしょうか。労働者は今月末に退職したいと述べたにすぎませんから、「今すぐ辞めろ」というのは解雇になります。解雇については「対処術①」を参照して下さい。辞めたい気持ちがあったとしても、「今すぐ辞めろ」という指示に従う必要はまったくありません。いきなり仕事を失っては大変です。

辞めた後の嫌がらせへの対処法

①　離職手続きのボイコット

離職手続きについては遅滞無く行なうことが使用者の義務です。普通に請求をしても応じない場合には、内容証明郵便（「対処術③」を参照してください）など記録に残るかたちで請求を行ないましょう。また、各種社会保険の手続きについては、担当窓口に事情を説明し、会社の協力が得られなくても離職手続きが進むようできる場合もあります。ボイコットのために損害が発生したさいには、損害賠償を請求することができます。

②　最終月の給料支払い拒否

賃金は決まった日に支払うよう法律で義務づけられています。また、退職した場合には、給料日の前であっても、労働者が請求してから七日以内に賃金を支払わなければいけないことも法律で義務づけられています。

賃金不払いの事例として「対処術②・③」の方法で支払いを求めることができます。

③　損害賠償請求

弁護士や社労士がバックについている場合であっても、法律的には間違った内容であることが意外と多くあります。嘘の理由で損害賠償請求をされた場合は、基本的には一言断るか無視しておけばよいと思います。

過去の事例のなかでは、備品の盗難・損壊、無断欠勤、経営にたいする損害が一般的です。とくに思い当たることがなければ黙殺して問題ありません。もし仮に自分の知らないところで顧客を失うなどのミスをしていたとしても、それは経営をするうえで必ずつきまとうリスクです。よほど重大なポストに就いているわけでもなければ、損害賠償など発生しません。ですので、仮に手紙に「×月×日までに支払わなければ訴訟を起こす」などと書いてあったとしても、恐れる必要はありません。

あまりに酷い場合には、弁護士を使ったカツアゲとして反対に問題にすることもできます。

〔対処術⑥〕戦略的パワハラのかわし方

戦略的パワハラの目的は、自分から辞めるように仕向けることにありました。

退職には同意しない

まず大切なことは「決して退職には同意しない」ということです。一度退職に同意してしまうと、合法的には解雇できないようなケースであっても辞めさせられてしまいます。さらにまずいのは「自分から辞める」自己都合退職のケースです。自己都合退職で辞めてしまうと、雇用保険が三か月間給付されません。しかも、労働者がどんな理由で辞めたのかをハローワークに提出するのは企業の業務になっています。「自分から辞める」場合でなくても、退職に同意してしまうと自己都合退職の扱いになってしまうことがよくあります。ですから、「決して退職には同意しない」必要があるというわけです。

これは、「決して辞めるな」ということではありません。辞めるとしても、そのタイミングを会社に決めさせない方がいいということです。

一人で耐えきることの難しさ

ブラック企業は思いつきで退職させようとしているわけではありませんから、執拗に退職勧奨や嫌がらせを続けてきます。しだいに退職せざるをえないような状況に追い込むのです。退職勧奨に応じなければ賃金を引き下げると言われたり、実際に正社員からアルバイトにされたりすることもあります。また、人格否定をするような言葉を投げつけられたり、狭い部屋に長時間隔離されて仕事を与えられなかったり、といったいじめで精神的に追いつめられて、退職に追い込まれる深刻な事例も多く存在します。

また、最近は露骨なパワハラを行なわない会社も増えています。あまりにわかりやすいパワハラをすれば自分たちの立場が逆に危うくなることを学習したのでしょう。それでも辞めさせることをあきらめるわけではありませんから、陰湿な精神攻撃が繰り広げられます。

うつ病などで休職している場合には、産業医が立ちはだかることもあります。まだうつ病で働いてはいけないと主治医に言われているのに会社に雇われている産業医が「もう働ける」と診断することで、会社は「ずる休み」だとでっちあげます。逆に、もう働いてよいと主治医に言われているのに、産業医が「まだ働けない」と診断することで、復職させないこともあります。「休職期間満了退職」を狙っているのです。

「辞めざるをえなくなる」前に

ブラック企業は多彩な手を使ってきます。ですので、一人ではかわしきれず、「辞めざるをえないのではないか」と思うようになる日がどうしてもきてしまいます。ですから、会社が辞めさせようとしている場合には、なるべく早いうちから準備を始めておくことが肝要ですし、「辞めざるをえない」と感じる前に専門家に相談に行っておく必要があります。

早いうちからできる準備としては、退職勧奨の実態や、退職に追い込むために会社が何をしてきたのかをできるだけ詳細に記録しておくことです。

ある精神科医の話によれば、原因を書き出すことでストレスが解消されるという側面もあるようです。辛く感じるときもあるかもしれませんが、いつか「交渉するかもしれない」ぐらいの気持ちで、記録を残しておきましょう。

万が一うつ病になってしまったら

もし準備をするより早くうつ病になってしまったら、すぐに法律の専門家に相談しましょう。「対処術④」で紹介したように、その場合でもさまざまな対処術があります。

〔対処術⑦〕制度をおさえておく

対処術の最後に、会社と交渉するために利用できるさまざまな制度について紹介します。上司との話し合いで解決できない場合、公的な手段をとるほかありません。

ブラック企業が開き直っている場合でも、公的な手段を用いて最後まであきらめなければ、ほとんどの違法状態は解決可能です。具体的にどのような解決手段があるのか、それぞれのメリット・デメリットはどのようなものがあるのかについて簡単に整理しておきます。

ここで紹介した対処術以外にも、訴訟などの方法があります。まずは簡単にそれぞれの長所と短所、具体的なイメージをつかみ、どの相談窓口に連絡するかを判断する材料にしてもらえればと思います。判断がつかなければＰＯＳＳＥで窓口を紹介します（連絡先は五五ページに記載）。

あっせん

概　要：労働者が使用者と話し合えるよう、行政の職員が仲介する。労働局に行って「あっせんをしたい」と言えばOK。

長　所：すべて無料。また、あくまで話し合いのあっせんなので、会社の出方を探るには有効。

短　所：強制力がなく、開き直ったり断ったりする会社にはつかえない。

申　告

概　要：労働基準監督署に違法状態を告発し、是正指導などを要請する。窓口で「申告に来た」と言えば OK。匿名で申告することも可能。

長　所：無料。書類送検や逮捕もできる強制力があるので、会社にたいするプレッシャーになる。

短　所：なかなか動いてもらえない場合がある。自分で証拠を用意するなど、動かすまでが大変。

労働審判

概　要：略式の裁判。裁判官を挟んで労使で3度の話し合いを行ない、裁判官が判断を下す。決定に従わない場合は強制執行もできる。

長　所：会社の違法性が微妙なケースでも裁判官の判断を聞くことができる。期間が約半年と裁判より短い。

短　所：基本的に弁護士に依頼するため、一定の費用がかかる。

団体交渉

概　要：ユニオン（労働組合）に加入して、使用者に団体交渉を申し込む。働き方に関することなら何についてでもよい。

長　所：組合員が一緒に交渉に参加するため、会社に騙される心配がない。会社は交渉に応じる義務があり、確実に話し合うことができる。

短　所：ユニオンによって解決能力に差がある。そのため、吟味が必要。

少額訴訟

概　要：60万円を上限に、簡易裁判所で訴訟を起こすことができる。和解することも可能。

長　所：本人訴訟が可能なため、費用はほとんどかからない。1回の審理で終わるため、短い期間で済ませることができる。

短　所：通常の訴訟に持ち込まれた場合にコストがかかる。その場で審査できる証拠のみで判断されるため、解決の水準としては低い。

6 ブラック企業発生の背景

なぜブラック企業が跋扈するようになってしまったのか、その発生の背景はどのようなものか、本章ではそれを探っていこう。また、これにどのような政策的、個人的取り組みが可能であるのかも、同時に見ていこう。あらかじめ概観を示しておくと、ブラック企業発生の背景は、第一に「代わりはいくらでもいる」という労働市場の問題であり、第二に、この「代わりはいくらでもいる」状態を背景として、命令が過剰になっている（パワハラ）という二点に集約することができる。

1 労働市場の変化──第一の要因

ブラック・パターンが示す「代わりはいくらでも」状態

本書で示した「ブラック・パターン」がどのような点に特徴があるのかを振り返ってみると、それは「使い捨て」があまりにも容易に行なわれているということに集約される。若者をだますことも、退職に追い込むことも、結局は「働き続けること」を困難にしている。経営者にとって、若者は長期的に育成する「財産」ではなくなっているようだ。だが、どうして企業は若者を使い捨ててしまうのだろうか。

これまでPOSSEに寄せられた相談から、正社員が使い捨てられる背景についてまとめてみると、①「使い切り型」、②「選別型」、③「職場統治不全型」の三つに分類できる。①「使い切り型」は、とにかく長時間労働やノルマを過剰に負担させて、心の病気になるまで働かせてしまうという場合だ。非正社員からの転職者によく見られ、「とにかく正社員になりたい」という若者を徹底的に利用し、毎日夜遅くまで、あるいは休日も働かせる。企業からしてみると、「代わりがいくらでもいる」のだから、という論理でいくらでも追い込むことができる。これで「効率的」に業績を上げることができてしまう。

次に、②「選別型」はたくさん採用し、「使える人材」だけを残して他は辞めさせていくというケースだ。これは新卒採用に多くみられ、辞めさせるときにはパワハラを加えることでうつ病に追い込むことも珍しくない。1章のIT企業の事例がその典型例である。これ

1──現在でも絶対数のうえでは「パートタイマー」が非正規雇用のなかで最も多

も、個別の企業にとっては「たくさんいる」なかから、「いい人材」だけを選りすぐって手に入れる格好の方法となっている。

③「職場統治不全型」は前二者と違い、必ずしも組織的に行なわれるわけではない。「パワハラ上司」が個人的に嫌がらせをして辞めさせようとしているような場合だ。このような場合は、使い捨てによって必ずしも企業が利益を得るわけではない。だが、相談に対応していると、「パワハラ上司」の問題を会社が把握していながら放置している場合が多々みられる。個人的な嫌がらせが増加する背景には、やはり「代わりはいくらでもいる」という発想が企業組織全体に浸透していることが推察される。

「裏技」としての非正規雇用

こうした「代わりはいくらでもいる」という圧力が加わった背景には急激な非正規雇用労働の増加がある。二〇〇〇年から一一年にかけて、一五歳から二四歳の労働者の非正規雇用の割合は、男性で一九・七%から二九・四%に、女性で二七・〇%から三七・七%に増加している。若年層で非正規雇用が際立って増加しているのだ。

ところが、従来の非正規雇用はパート・アルバイトが主要なもので、[1]これは主に「主婦」や学生、定年後の高齢者などに担われていた。そのためパート労働は「家計補助型」と呼ばれている。彼らの賃金は「小遣い」[2]のように扱われ、とうてい生活が可能な水準ではないからだ。彼らは夫や両親、年金など自らの労働による収入以外に主要な生活費の源泉をもって

くなっている。だが、非正規雇用全体が大きく増加しているため、パート以外の非正規雇用の絶対数での伸びも無視できない大きさだといえる。

2—日本の最低賃金制度が異様に低い水準であるのは、彼らの賃金が差別されているためだ。もし最低賃金で働いて、生活に必要な収入を得ようとすれば通常の労働者の二倍働いても足りないだろう。たとえば時給八〇〇円の収入で年間三〇〇万円を稼ぐためには、三七五〇時間も働かなければならない。これは、一年間まったく休まずに毎日一〇時間以上働かなければならない水準である。日本の非正規や最低賃金は、「自立」できない雇用・制度なのだ。

いると「想定」[3]されていた。だからこそ、生活のできない水準の賃金、そしてきわめて不安定な雇用に「対応」することができた。

これは、いわば「裏技」のようなものだ。本来許されない賃金水準の雇用が、一部の人々(「主婦」、学生、高齢者)の場合には例外的に許容されるという構図がとられてきたからだ。逆にいうと、将来のある若者を低賃金・不安定で雇うなどということは許容されてこなかったということだ。[4]

「裏技」ではなくなった非正規雇用

ところが、近年こうした非正規雇用の構図が崩れてきた。「家計補助型」ではない「家計自立型」と呼ばれるような非正規雇用がこの間急激に増加してきた。一九九七年には二〇八万人であった家計自立型非正規雇用は、二〇〇七年には四三四万人にまで増加した。

家計自立型非正規雇用の特徴は、従来のパート労働等よりは若干時給が高く一〇〇〇円前後、月収は二〇万円前後と「ぎりぎり」生活できる水準にあるということだ。これらの雇用は「パート」とは区別されて、「契約社員」「派遣社員」という新しい呼び名[5]がつけられていることが多い。

これらの新しい非正規雇用は主に若者の間に広がっており、新卒から契約社員、派遣社員ということも決してめずらしくはない。たとえ不本意であっても、こうした仕事に就くことが「就職」にカウントされているのが現状なのである。

3—実際にはこの「小遣い」のような賃金で、生計を立てなければならない人々が現実に存在してきた。その代表格がシングルマザーである。子どもを育てるために、フルタイムの職に就くことができないし、夫の収入もない。実際には非正規雇用の貧困問題が日本にはずっと存在し続けていたのだ。

4—実際に、一九五〇年代にも非正規雇用は若者を中心に「臨時工」と呼ばれる形態で増加したが、大きな社会的非難にさらされ、そのほとんどが正社員となったという歴史的な経緯がある。

5—法的には、「パート」、「契約社員」、「準社員」、「パートナー社員」など、

正社員を非正社員に入れ替える条件

家計自立型非正規雇用の最大の特徴は、フルタイムでありながら非正規雇用だということだ。従来のパートは主婦や学生が主な担い手で、「パート」と呼ばれるように、家事や学業のために労働時間が短かった。[6] ところが、家計自立型非正規雇用は低賃金・不安定雇用にもかかわらずフルタイム労働なのである。

なぜなら、彼らはパートの大多数とは異なり、家計を自ら維持しなければならないからだ。ぎりぎり単身で生活できる水準を月に二〇万円としても、これを稼ぐためには、残業を含め、それなりの労働時間を求められる。

こうして、これまではあくまでも「補助」に位置づけられていた非正規雇用労働が、しだいに正社員にとって代わるほどの労働を行なうようになっていった。こうした事情は「非正規雇用の基幹化」と呼ばれている。とくに製造業においては、残業も厭わず、全国転勤を行なう非正規雇用も登場した。いわゆる派遣・請負労働者である。

どうやって入れ替えは進んだのか

まず、これまで「一般職」と呼ばれてきた基幹的でない正社員がつぎつぎと契約社員、派遣社員へと入れ替えられていった。若く、フルタイムで働く労働者という点では従来の一般職の担い手は、そのまま非正規雇用に移ったとみることもできるだろう。

次に、工場での入れ替えはとてもドラスティックに行なわれた。図表①は二〇〇〇年代

どのような呼び方をしようともその権利関係は変化しない。すべて平等に法律が適用される。これらは「呼び方」ではなく、契約の内容において、有期雇用であったり短時間であったり、昇給やボーナスの条件などが具体的に異なっている場合に意味がある。

6―しかし、実際には従来から全体の二割が「フルタイム・パート」と呼ばれるフルタイムの「パート労働者」であった。こうした事実が意味するところは、本当は労働時間が短いから時給が差別されているのではなく、もともと非正規雇用は賃金を差別するための雇用形態なのだということだ。

図表①　就業形態別増減　―3年前からの変化―

数値(%)	回答数	増　加	横ばい	減　少	NA
正社員	304	4.3	12.8	77.3	5.6
パート等	304	12.2	31.6	31.6	24.7
請　負	273	52.0	15.4	14.7	17.9

出所：電機連合総合研究企画室(2004)　32頁より作成した

の前半に行なわれた調査だが、正社員を減少させ、これに代わって請負[7](≒派遣)が増加してきたことを顕著に示している。

工場ではフルタイムで働く非正規雇用の労働者を大量に雇うことで、人件費を安く押さえ込もうとした。それまでの日本の工場は、パートを除けばほぼ全員が正社員で、彼らの技能の水準は世界的にみてきわめて高いものだといわれていた。終身雇用、年功賃金に見合うだけの訓練をつみ、彼らだからこそできる複雑な作業工程を創り出したといわれ、世界に賞賛される時代もあった。

だが、二〇〇〇年代の工場は人件費の安い、非熟練[8]の非正規雇用労働者を大量に活用することで「効率」がよくなるように工場の働き方そのものを変えていった。安く働く人々を大量に使うという経営方針にあわせ、そのための作業の仕組みが作られていったのである。働き方を単純にすることと、「人を置き換えやすくする」ことはセットで進行した。人を育てるのではなく、「使い捨てる」ことで利益が出る仕組みづくりを企業は一〇年以上にわたって追い求め

7―請負とは、請負会社に雇われている労働者が請負元の会社で働く場合を指している。基本的には請負会社の社員として、請負会社の命令で働くこととされている。ところが、実際には請負会社の存在は名ばかりで、請負元からの命令で働かされることが広がっていた。これがいわゆる「偽装請負」である。

8―継続的な訓練を要する職務のことを、熟練を要する職務という。非正規雇用で、すぐに他の人間に代わりがきくような場合は「非熟練」ということになる。非正規雇用の多くはこの非熟練の仕事である。ただし、近年の傾向として、熟練を要する仕事まで非正規雇用

続けてきたのだ。

非正規雇用の変化と「派遣村」

製造業派遣は、二〇〇八年秋のリーマンショック後[9]に「派遣村」として社会問題となった。彼らの生活実態は、低賃金・不安定な雇用をつなぎ合わせながら、「自立」した生活をおくるために全国を移動するというものであった。A工場で仕事があればそこで働き、その仕事がなくなればB工場へ移る。そのさい、県をまたぎ、地方をまたぎ、全国を移動するのである。

このような働き方は、正社員の行なってきた全国転勤という構図にちかいものである。しかも、派遣の場合には企業をまたぎ、産業の調整役をも担っている点で、社会の生産活動にたいしてより高い貢献をしているといえる。もちろん、こうしたきわめて流動的な需要に継続的に対応するということは、私生活と鋭く対立する。「きつい」労働だといえるだろう。それにもかかわらず、彼らは低い対価しか支払われなかった。

そうして暮らす一〇〇万人もの人々が、二〇〇八年の不況ではいっせいに全国で解雇された。「次の仕事」がどこにも見つからなくなったとき、多くの労働者が行く先を失い、同時に住居すらも失ってしまった。「裏技」を社会全体に広げてしまったとき、これを前提にした生産構造を作り上げたとき、そのしわ寄せは弱い個人に襲いかかったのである。

が担うという場面が増えてきているようである。

9―アメリカの金融危機をきっかけとして、世界的な不況がおそった。とくに日本の製造業は北米を主要な輸出先の一つとしているために、大幅な減産を行なうこととなった。ただし、この危機の最中にも工場の移転、直後の増産・人員募集が行なわれるなどしており、実際には過剰な人員削減が行なわれた可能性が指摘されている。

非正規雇用が正規雇用を壊す

家計自立型非正規雇用の増大は、これまでとは違ったレベルで正規雇用と非正規雇用の置き換え圧力を増大させた。「低コスト」、「いつでも解雇できる」にもかかわらず、生活を自立するために残業や全国配置転換まで受け入れる。多くの正社員をこれに置き換えようとする傾向は企業に一般的なものとなっていった。

このような傾向が進行していくと、正社員そのものにも大きな変化が見られるようになった。ＰＯＳＳＥが二〇〇八年に行なった調査[10]では、賞与(＝ボーナス)または定期昇給(＝年功賃金)がない労働者の急増が見られ、これを「周辺的正社員」としてカウントしたところ、正社員の四割程度を占めた(図表②)。実際に、相談のなかでも、「正社員」としての立場を守るために、長時間残業・低賃金を甘受している事例が多々見られる。

賞与や定期昇給がないということは、将来に向けた生活設計がこれまでの正社員とは大きく異なってくることを意味している。住宅を購入するためにはローンを組み、賞与を返済に大きく充てることが一般的であるし、定期昇給の

図表②　周辺的正社員の割合

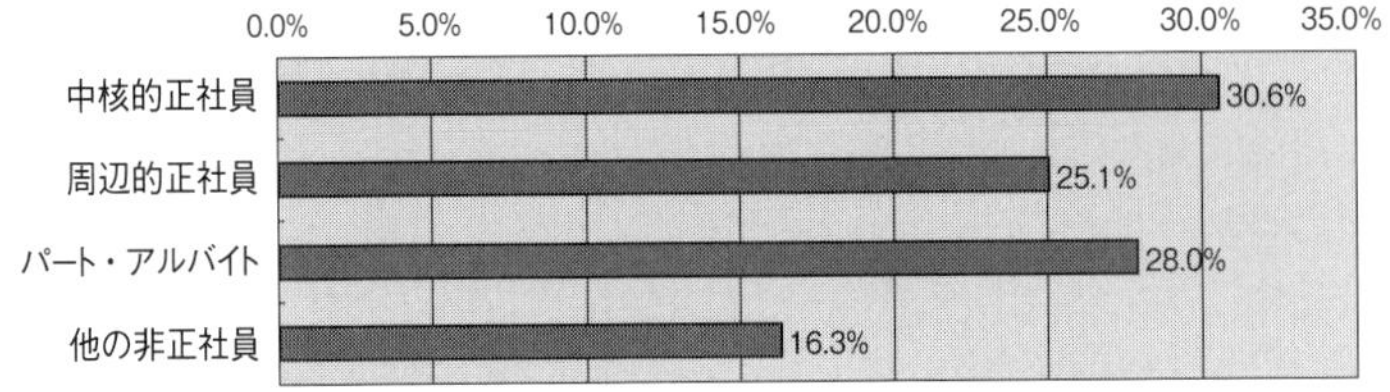

出典：POSSE2008年度調査より作成した。
注：この調査は2008年6〜8月、若年既卒労働者500人を対象に行なった。

10——街頭アンケート調査。既卒の若年労働者およそ五〇〇人を対象に、対面聞き取り方式で実施した。

見込も影響する。当然、子どもを育てる計画も、将来の収入を見込んで立てられる。[11]

今日、若くして住宅を購入することは以前よりもずっと稀になっているし、少子化は異常な速度で進んでいる。非正規雇用が三割を占め、残りの正社員のなかでも周辺的正社員が四割に上ることを考えれば、これは当然の帰結であるといえよう。

「ブラック企業」登場の第一の背景は、使い捨てても「代わりはいくらでもいる」という労働市場の状況にある。だが、市場の代替圧力が正社員の労働条件を引き下げる傾向は、一部の違法企業にかぎらず、多くの企業で一般的な現象になっている。3章で述べたように、就職活動が違法行為を受容させるための装置となってしまっている現象も、こうした「代わりはいくらでもいる」という競争の条件をそのまま受け止め、これをより強固に精神的に受容することを制度化したものなのだ。

2 「年功的職場秩序」の崩壊──第二の要因

一つの企業に勤める

「ブラック・パターン」の第二の特徴は、企業のなかで「異常な命令」が行なわれている点にある。「自分から辞めさせる」ためにパワーハラスメント[12]が平然と行なわれ、健康を破壊するほどのノルマ、サービス残業を課せられる。先ほど指摘した少子化の要因は、労働市場要因による収入の減少だけではなく、あまりの長時間労働のために私生活が破壊されてし

11──このように、主に企業の賃金だけを見込んで住宅や子育てを行なうのは日本の福祉が脆弱だからである。学校・保育所や公営住宅は無料であったり、かなり低額であるのが、先進国では当たり前なのだ。

12──「パワーハラスメント」にかんする明確な法的定義は今のところ無い。実態からは、労働契約によって企業に与えられた指揮命令権を、企業が本来許されていない目的（たとえば辞めさせる、健康を害するほどに働かせるといったような）のために行使する問題であると考えられる。

まっていることも指摘できる。

そもそも、従来から日本の企業の「命令の権利」は諸外国と比べて際立って強いものであった。それは終身雇用、年功賃金、企業別組合という日本企業の労務管理の特徴と関連している。これらは総じて一つの企業に長期間勤めるという日本独特の労働市場を作り出した。終身雇用に加え、年功賃金は若年時代にはきわめて低い賃金であり、長期間勤めることによってしか恩恵に浴することができない。また、企業別組合は個別企業との交渉を通じ賃金の上昇を図るため、企業の利益向上のための人事権行使に無批判の傾向をもつ。他の企業を出し抜くために、自分たちはもっときつい労働を引き受けようというのだ。そして、そうした無批判の「条件」は長期雇用にあった。

企業の命令権が強い

さて、企業の命令できる範囲は、通常契約の「あいまいさ」(不完備性)に比例すると考えられている。そうした「あいまいさ」は雇用の継続性が強ければ強いほど大きくなる。なぜなら、三か月、あるいは一年間の仕事の内容はあらかじめ予測がついたとしても、三〇年後の仕事はなかなか予測がつかないからだ。終身雇用であれば、四〇年近くの未来まで見込んだ契約を行なうということになる。だから、日本企業では二〇〇〇年代に入って法律で義務づけられるまで「契約書」を取り交わすことさえしなかった。長期雇用を前提とする以上、当面の「仕事の内容」を紙に記すことすら無意味だと考えられたのかもしれない。

13 ― Karoshiとして英語の辞書にものっているほどだ。日本の労働時間は先いずれにしても、そうした「白紙」の労働契約は「無限」ともいえる企業の命令権を生み出してきた。たとえば単身赴任という言葉は日本では一般的なものである。遠隔地赴任は一週間前、一か月前といった直前に配置が決定される場合も珍しくない。当然、単身で何年もの長期間暮らすことは心身ともに大きな負担である。だが、こうした一方的な命令を拒否することはできない。また、残業にしてもそうである。日本の労働時間は、従来から諸外国に比して長いもので、「過労死」[13]は世界語になってしまったほどであるが、残業命令に対して拒否することも、法的に見てきわめて困難である。

日本型雇用の延長としての「ブラック企業」

このように異常に強い命令がなされてきた日本型雇用であるが、こうした命令はすでに述べたように終身雇用や年功賃金といった労働者の生活を長期にわたって安定させる仕組みとセットで「合意」[14]されたものであった。図表③でいうと、ちょうど右上のところに多くの若者(男性)の雇用が成り立っていた。また、非正規雇用の場合には左下のパート、出稼ぎに見られるように、一定の命令の限界と不安定性が同居する労働となっていたと考えることができる。

このような日本型正社員の合意は、一定の解雇にたいする規制(解雇権の濫用禁止[15])と強い人事権をセットにしながら社会的・法的な規範となってきた。

ところが、この間の変化は、まず非正規雇用が不安定性や低賃金をそのままに命令が強

進国でずっと圧倒的に長かった。他国からは、長時間労働で日本の製品は安くなっており、これは「社会的不正」を行なっていると告発された。

14―労働に関する社会の取り決めは、どこの国でも労働組合と使用者団体(日本の経団連のような)の間の「合意」によって決められている。日本の企業別組合の連合体は、年功賃金や終身雇用の代わりに長時間労働をずっと認めてきたということだ。

15―合理的な理由のない解雇は無効であるとされている。合理的な理由とは、高度な経営上の必要性や解雇を避けようと努力したが、やむをえなかった事情などである。

図表③　雇用の不安定化と命令の強化

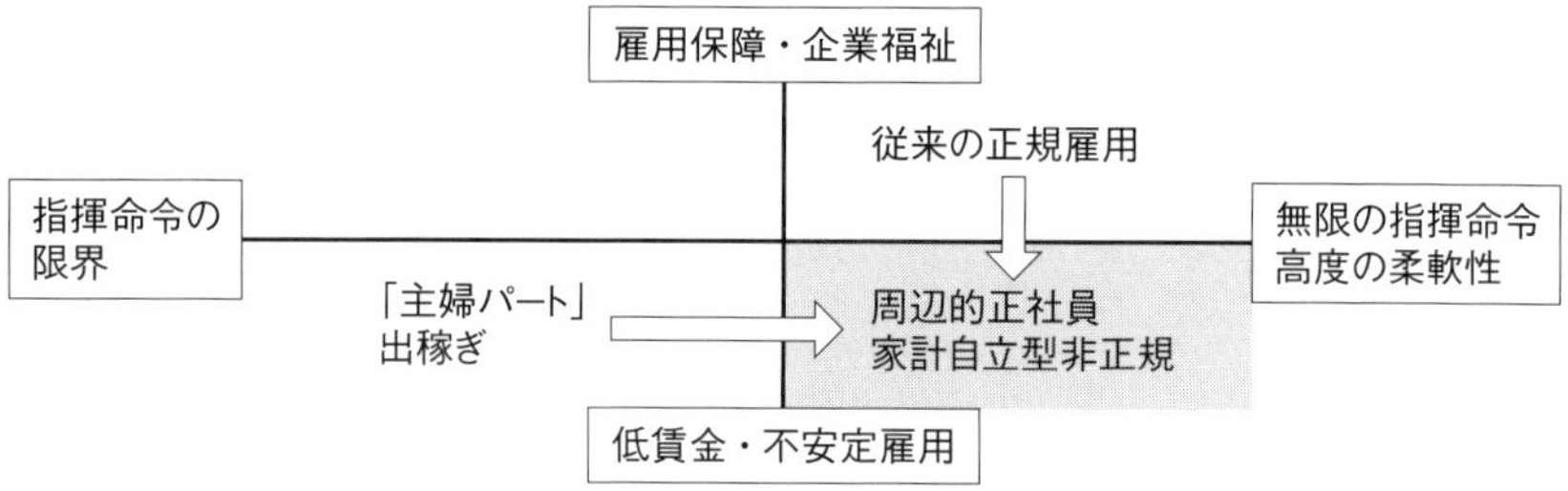

化された。図表③では右側への矢印がそれを表わしている。そして正社員の方は命令の強さはそのままに、本来はこの「交換条件」であったはずの長期雇用や手厚い企業福祉[16]は削減されてしまっている。

命令を「ブラック」であると感じる理由

図表③に表現したように、これまでも日本の命令はきわめて強いものであり、それはときに耐えがたいものであったはずだ。だが、多くの労働者がそれでもこれを「ブラック」などとは感じずに甘受してきた。それは、それだけの見返りがあったからに他ならない。

今日私たちが「ブラック」と感じるのは、将来設計がたたない賃金で、私生活が崩壊するような長時間労働で、なおかつ「使い捨てる」からである。ブラック企業の問題は従来の命令の範囲をさらに超えているが、そもそも従来のレベルの命令についても、今日では「違和感」を禁じえないものとなっているということを押さえておきたい。それは、図表③にみるように、本来の契約関係において含意されてい

16—日本では労働組合が企業別につくられたために、企業の賃金や企業福祉によって労働者の生活の安定を図ろうとする強い傾向が存在する。欧米においては逆に、個別企業ではなく産業別や職種別に労働組合が編成された結果、個別企業の賃金ではなく、産業別の最低賃金や国家の福祉政策によって労働者の生活の安定を図ろうとする。

たものを、企業側が「逸脱」しているからなのだ。

これは、本来ではなりたたない一方的な取引であり、長くは続くはずのない（なぜなら若者が疲弊してしまうから）不当なものだといえよう。こうした取引が可能となる背景は、やはり、「代わりはいくらでもいる」という例の構図にある。

職場秩序の崩壊と使い捨て

このように、「代わりはいくらでもいる」という構図に基づいて、一方的な取引が行なわれるわけだが、このことはただ労働条件を切り崩すという以上の効果をもった。それは、それまで形成されてきた日本の「年功的職場秩序[17]」を崩壊させつつあるということだ。

日本の企業秩序は年功賃金と長期雇用を前提に、長期技能育成に支えられて形作られてきた。長期雇用であるために、積極的な配置転換を通じた昇進制度、長期的な育成による技能の向上を図るシステムが整備されてきた。

だが、長期的な育成方針は大きく後退し、命令にたいして拒否できないという状況だけが取り残されることとなった。従来から厳しかった命令も、それは企業の組織的構図のなかから生じてくるものだと考えられた。しかし、今の職場では、若者を使う側にも、使われる側にも「長期の関係」を保障するものがなくなっている。そうなると、一時の業績のための「使い捨て」、「選別」、そして単なる個人的ハラスメントという、以前とは違うかたちで「指揮命令権」が行使されるようになった。

17―木下武男昭和女子大学特任教授による理解である。日本の職場内労使関係を年功賃金が中心となり、長期雇用と技能養成制度によって形成されたものであると分析する。現在そうした労使関係が崩壊しているなかで、職場内の秩序は乱れ、他の制度への移行ができていないために統治不可能になっている。

従来は、命令に耐えてさえいれば長期雇用と昇給が保障されたために、企業の命令がたとえ「逸脱」(厳しく働かせる、といったような)であったとしてもそれをチェックし、異議を唱えることはなかった。その結果、企業の逸脱をチェックする機能が社会に存在しなくなってしまった。図表③で成立した従来型正社員の合意は、企業内の秩序にたいし、雇われる側がまったく口をはさめない状況をも「合意」させられていたのである。その結果、今度は企業が終身雇用や年功賃金といった、「代償」において逸脱を行なう場合にも、もはや何の歯止めもかけることができていない。さらに、命令の逸脱も、従来とは違う段階に達している。一種のモラルハザードが、経営側から吹き出ているのだ。

本来、企業の違法行為等をチェックするはずの労働組合も、日本の場合にはあまり機能していない[18]。また、法律それ自体も職場内の秩序にかんしては企業のフリーハンドを強く認めてきた。それらはすべて、「企業は雇用を守る」「使い捨てはしない」という(虚構の)信用のうえになりたっていたものであった。

「ブラック企業」の異常なまでのパワーハラスメントは、日本型雇用の合意・規範の延長線上に、これを逸脱するという構図でまかり通っているのである。

新興産業でとくに激しい逸脱が行なわれている

従来型の関係の変化がとくに顕著にみられるのは新興産業においてである。日本型雇用は製造業を中心に発展してきたが、一九七〇年代以後急激にサービス産業化が進展し、そ

18―たとえば、日本の多くの企業別組合は、実質的に労働時間をほとんど統制していない。労使協定で、過労死の危険のある残業時間を認めていることも一般的である。また、実際に過労死が起きた場合にも、これをなかなか問題にしない。パワハラについては、従業員から組合への相談を、上司に「告げ口」することも珍しくはない。

こでも社会化した雇用取引ルールは影響し、日本型雇用の拡大を促すこととなった。[19]

ところが、九〇年代に入り小売・卸売りの展開は鈍り過当競争に入っていく。その結果、既存の人員への圧力が強まっていった。また、新しい業態であるコンビニエンスストアや近年参入した新興の外食チェーン店では、そもそも日本型雇用の規範意識を有していない場合もみられる。[20] サービス産業化が進んでいくなかで、従来の規範にとらわれない新しい産業が登場しているというわけだ。

さらに、同じく新興産業であるIT企業はこの傾向がより顕著である。IT労働者は「強い労働者」とされることが多いが、実際の労務管理でもアントレプレナーシップ（企業家精神）を要求される。[21] これは労働者にも強く受容されており、企業に生活保障を求める文化は労使双方に乏しい。今日、巷でブラック企業と呼ばれる企業のなかには、IT企業が多く含まれている。また、IT企業は単にその労使関係に問題があるばかりではなく、彼らが他の企業にとってコンサルタントとしての地位をもっていることにも留意が必要だ。IT企業は他の企業の業務システムをより効率的なものに転換することが業務である。そのためIT業界はコンサルタント業としての側面をもつ。当然、効率化の観点から労使関係への助言も頻繁に行なわれる。アントレプレナーシップを身上とするIT企業が人事に助言をしたらどうなるかは想像に難くない。POSSEの労働相談には、こうしたITコンサルタントの営業を通じて日本型雇用が解体され、職場がブラック化したことが推察される相談も寄せられている。

19―大きく産業が成長していたために、長期雇用や賃金の継続的上昇を保障することができた。

20―「正社員だから長期雇用をしなければならない」と考えている経営者はどんどん減っている。さらに、法律すらも守らなくてよいという文化が垣間見える。たとえば、外食最大手の企業がアルバイトを「個人事業主」だとして残業代を支払わなかった事例は衝撃的だ。

21―従業員も会社の「社長」のように、自己責任で働くべきだという考え方だ。ベンチャー企業に多く見られ、違法行為を指摘すると「自分も昔は苦労したのだから、お前も苦労しろ」と意味不明の返答をする。

これらの業態の企業は就職活動(3章参照)においても、とくに後半の時期まで採用を続けている場合が多い。製造業では「使い捨て」は非正規雇用を拡大するなかで行なわれるが、新興産業では従来型正社員の規範すらなく、はじめから正社員を使い捨てる。

新興産業の特徴—雇用労働の下請化と単純化・部品化

こうした新興産業の労働の特徴は二つにまとめることができる。それは第一に、「下請化(独立化)」である。これはサービス産業の場合には小さな小売店舗ごとに労務管理が行なわれ、そこでの店長はあたかも下請け企業の社長のように、「独立」してすべての責任を負わされる。コンビニチェーン店の事例が有名であるが、店舗の管理を命じられほとんど休みもなく働く場合もある。過労で病気になってしまうということも珍しくはない。アルバイトの管理を含め、自分だけで店舗を運営することを任されるのであるから、仕事の量や責任はほとんど無限だといってよい。

また、ＩＴ労働の場合には、発注を受けた業務ごとに労働者がチームあるいは単独で責任を負うことになる。こうした業務は「プロジェクト」と呼ばれ、自分たちの裁量で運営を任されることになる。プロジェクトの納期までの完了が労働者たち自身にゆだねられているために、結果的に家に帰ることもできないような責任と長時間労働を負うこともまれではない。業務の遂行は自分の責任で請負うにもかかわらず、業務の「量」についての裁量はないために、とうてい契約時間内には終わらない作業の「完了」を強いられるのである。こうして自分の私生活を犠牲にすることを余儀なくされる。

本来、労働法では業務の命令は事業主が出し、これに「何時間従事したか」が管理されることで、残業代による対価が支払われる。残業代は割増が義務づけられていることもあり、これは長時間労働を抑制する効果ももつ。ところが虚構の「アントレプレナーシップ」の下で、こうした「雇用」におけるあたりまえの権利・義務関係が覆い隠されてしまう傾向がある。[22]

次に、新興産業の第二の特徴は、業務が単純化・部品化（定型化）していることである。先ほどの店長にしてもそうだが、業務の内容がマニュアルで定められているため、これを行なうには比較的短期間の熟練で足りてしまう。ＩＴ労働にしても、業務の内容が企業を超えた資格制度によって比較的一般化していることが特徴となっている。製造業のラインが非正規を前提に組みなおされたように、新興産業の正社員は「代えがきく」部品のような扱いをうける傾向がある。代えがきくからこそ、強大なノルマを課し、耐えられなければ実際に入れ替えることができるわけだ。[23]

企業のなかで行なわれてきた年功制と組み合わせになった長期的人材育成が、マニュアルとノルマによる使い捨てへと転換してきたこと、そしてこれを可能にしてきたのが日本型雇用の延長上に残された「無限の指揮命令権」なのだ。

以上をまとめると、ブラック企業が跋扈する要因は、労働市場の変化と「年功的職場秩序」の崩壊という二つである。「代わりはいくらでもいる」という状況が形成され、これを背景

22—最近ではこうした「自律的労働」の名のもとに、いくら働いても残業代を支払わなくてよいとする法律（ホワイトカラー・イグゼンプション）の制定が狙われている。これまでにも裁量労働制という法律が、条件付きで労働時間の自主管理を認めてきたが、実際には自律的とは「名ばかり」であり、ひたすらノルマのために働かされる場合もある。

23—業務の単純化（一般化＝企業を超えた作業内容の統一）は契約内容を具体的にする可能性をもっているし、自律化は業務遂行を労働者自身が行なうのだから、本来は、これらの変化には、それまでの企業の指揮命令の制約にもつながりうる潜在的可能性がある。

として日本型雇用のあり方そのものが変化している。従来型雇用の解体は、強い指揮命令と不安定化が、「パワハラ」という局面に集約的に現われている。

そして、強い指揮命令の代償が失われたうえに、こうした「パワハラ」が非正規雇用の解雇のような単純な「使い捨て」以上の、人格破壊をもともなったきわめて反社会性を帯びたものであるために、「ブラック企業」が社会問題にまで広がってきたのだ。

さらに、これらのことは新興産業において顕著にみられ、そこでは業務の単純化と雇用の擬似的自律化によって、過労死をもともなうような過重労働の強要がなされている。

3 ブラック企業の弊害と必要な政策・取り組み

違法労働こそが不効率を生む

ブラック企業の最大の弊害は、なんと言っても若者のキャリアが閉ざされてしまうことである。一度うつ病に罹患してしまうと、その後も「働くのが怖い」といった症状を訴えることはしばしばだ。[24] また、それまではがんばれた程度の仕事でも、耐えることができなくなってしまうということが慢性的に、一生続くという場合もある。そもそも病気を治すのに要する時間は、若者が才能を磨く二度とない期間である。時間の損失、人生の損失、そして社会的な医療費、雇用保険、家族の負担。これらすべてのコストが弱い個人、そして社会全体へと転嫁されてしまう。

24——一度うつ病に罹患すると、慢性化してしまうことが多いようである。集中力が下がったり、記憶力が落ちる、継続して働ける時間が短くなるなど、その損害は計り知れない。もちろん、治療費もかかり続けることになる。

一企業において効率的だと思われる逸脱行為は、結局、社会全体の生産性を下げ、不効率を生み出しているのである。3章でも見たような、無駄な競争による労働規制の無効化も効果は同じである。いくらでも法律を無視してサービス残業をさせられる状況の下では、短い時間の間に最大の成果を出そうという発想は生まれてこない。どんなに効率が悪いと分かっていても、もし残業が「ただ」であるならば、仕事の仕組みや設備投資よりも、長時間残業を課した方が「経営効率がよい」ということになってしまうのである。

たとえば、明らかに無理な営業活動を若い社員に強要する現象は、まさに労働規制が無効になっている結果であろう。売れない商品だと分かっていても、「どうせただで営業をやらせられるなら、やらせてみるか」という発想で、毎日家にも帰らずに営業をさせられるという具合である。こんな状態ではせっかくの労働も、まったく社会の生産活動に寄与しない。労働基準を構築し、これを守らせることは競争力のある、健全な産業社会を形成するうえでも不可欠な要素なのである。

二つの課題―労働市場政策と指揮命令権の制約

ではこの状況をどのように是正していけばよいのか。政策のレベルでは二つの課題が挙げられる。第一に、「代わりはいくらでもいる」という状況を変えていかなければならない。このためには現在では手薄な雇用保険制度や、第二のセーフティネット[25]と呼ばれる失業者政策を充実させていく必要がある。これまでの労働政策は高度経済成長を前提とし、

25―民主党政権の看板政策である。雇用保険が切れてしまってからも、職業訓練を受けることを条件に、半年程度の給付を認めるというものだ。ただし、この法律では給付の水準が低すぎる(月一〇万から一二万円)ことや、そもそも受けられる職業訓練があまり役にたたないなど、問題も残している。

失業者対策を行なうよりは、企業の発展による雇用維持を図るというものであった。ところが、現在のような低成長経済では、現実にはたくさんの失業者が生じる。失業を放置すれば、すでにみてきたような個別企業の逸脱行為が横行し、日本の産業社会を荒廃させることにつながってしまう。失業保障は日本の労働市場政策において、真っ先に取り組むべき課題である。

もともと雇用保険制度の下では「若者はすぐに仕事がみつかる」ことを理由として、保険が給付される期間が短く設定されている。実際、若年失業の場合、三か月程度しか受給できない。これでは「すぐに働ける」非正規雇用を選ばざるをえなくなってしまう可能性が非常に高い。劣悪な「正社員」にでも飛びつくしかないということにもなるだろう。また、失業期間に有効な公共職業訓練を受給できるようにすることも急務である。日本の公的職業訓練にかける費用は、GDP比でみると、欧米諸国の一〇〇分の一程度だといわれている。これも、政策が個別企業に依存してきた結果である。ただ職を探しているばかりでは、時間を無駄にしてしまう。有効な訓練を受けることで、失業期間も社会的に有意味な時間にすることができる。[26]

さらに、失業保障や職業訓練制度の充実に加え企業の採用基準の明確化を促していく必要がある。無駄な就職活動の繰り返しをなくすためにも、この課題には官民を挙げて取り組んでいくべきだろう。これら長期失業保障と訓練、そして採用基準の明確化によって、有意義な職業に若者が積極的に配置されていく仕組みを作り出す必要があるのだ。

26―よく、「訓練など実社会では役に立たない」。という声を耳にする。それは、日本の現状しか知らないあまりにも一面的な議論だ。他国に比べ、真剣に公的な訓練に取り組んだことがないために、そのイメージすら描くことができないでいるのではないか。

職業訓練制度や採用基準の明確化の促進は、第二の課題である指揮命令の範囲を限定していくという作業とも連関している。仕事の内容が明確化するならば[27]、その分これまでのような「パワハラ」を誘発したような命令の権限がそぎ落とされることになりうるからだ。もちろん、具体的な命令は職場単位で行なわれることであるから、政策だけでは解決できないことも多い。だが、労働政策の局面においても、高度成長型を前提とした政策体系から転換し、労働市場規制と職務の限定に向けた取り組みを行なっていくべきだ。

個人の争いが制約を生む

ところで、すでにみたように、仮に政策を講じたところで、これらが実際に社会に定着していくとは限らない。法律・制度を実現させていくための営為が必要である。そこで、個々人の法的な取り組みが重要になる。

3章でみたように、若者の多くは現在ある法律さえ使えず、違法行為をあきらめてしまっている。そのため、現在ある法律を活用し、守らせるための取り組みを行なっていく必要がある。このためにはNPOやユニオン[28]などさまざまな社会的団体を構築することが有効だ。一人では法律は使えない。だからこそ、市民団体が一人ひとりの事案をサポートすることが求められている。

さらにいうと、個々人の争いは現在では認められていない規範を形成していく可能性をももっている。たとえば、非正規雇用の場合、三か月や半年といった期間の定めがあるこ

27―こうしたことは、年功賃金から職務給への転換とも関連している。職務給とは、どんな命令にも応じる代わりに、勤続することが昇給の条件になるのではなく、実際に担っている仕事によって賃金が決定していく仕組みだ。年功賃金が守られない現在、この仕組みへと移行する以外に道はないだろう。

28―「ユニオン」とは、企業別組合に対置し、企業を超えた個人が加入する労働組合を表わす言葉である。労働組合は本来企業を超えて加入することができる。個人加盟ユニオンは、たった一人の解雇やパワーハラスメントといった問題を、企業を超えた仲間で問題にし、解決のために企業と交渉する団体である。

とが通例だが、契約の時点で期間の定めがある場合、ふつうに考えればこの期間の満了とともに仕事をクビになることには問題がない。ところが、非正規雇用の多くは期間の定めを設けておきながら、これを何度も更新することがほとんどだ。つまり、本当に仕事上不可欠な、明確な期限があるわけではなく「いつでもクビにできる状態」で雇いたいために、期間の定めをおいているのだ。

そこで法律上は明文の根拠があるわけではないけれども、こうした非正規雇用の解雇は違法だ、という争いが生じた。当然、非正規雇用労働者個人がこうした争いを起こすのはとても困難だったが、ユニオンやＮＰＯが支援し裁判に訴えて解雇の不当性を問うてきた。こうして今では有期雇用の場合にも、合理的な理由がなければ解雇ができないということが法律上は確立しつつある。

明らかに不当な処遇にたいしては、争うことで新しい「権利」が生じてくるのである。ブラック企業をなくしていくには、今後、現在の規範では合法とされている命令やパワーハラスメントにたいして積極的に個々人を支援しながら争い、新しい規範を創り出していくことが求められている。[29]

市民社会は白紙のキャンパス

逆に、図表④に示したように、法的な権利を行使しないと法律・制度は力の強いものの逸脱行為の正当化の道具となってしまう(支配の法)。最近では法律を守らずに残業代を支

29—今の法律では、パワハラは暴言や暴行、人権侵害と認められる行為がない場合には、ほとんど争うことができない。長時間労働についても、実際に病気になったり、死んでしまったときに賠償金の請求ができるだけで、残業そのものをやめさせることはまずできないのだ。

図表④　権利行使と逸脱行為の関

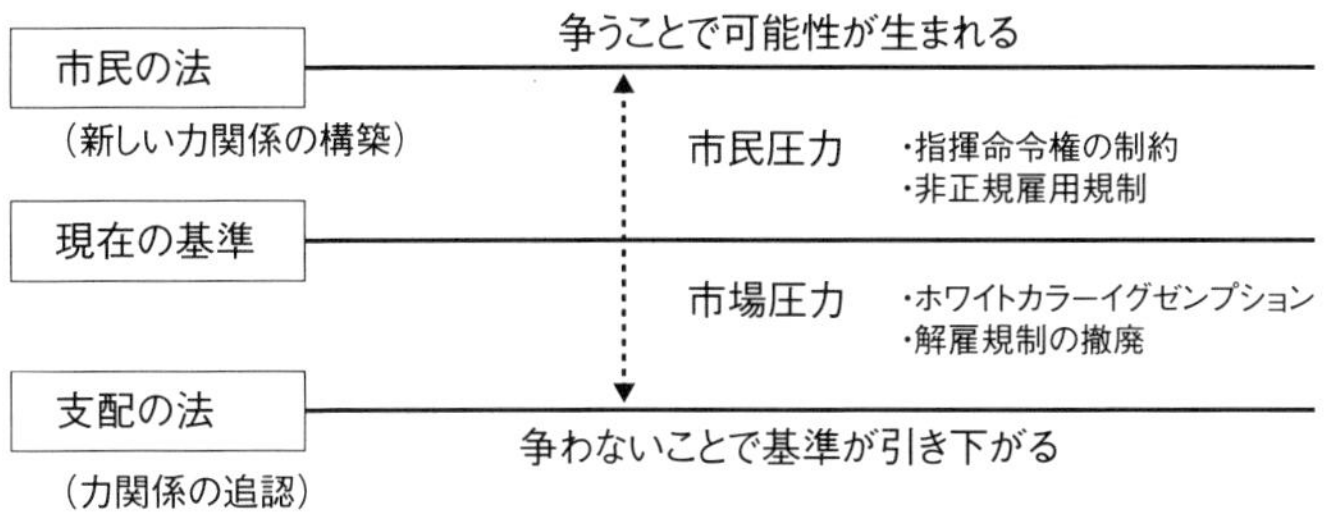

払わない企業が多いなかで、こうした不払いをそもそも合法にしてしまおうという「ホワイトカラーイグゼンプション」（ＷＥ）という法案が作成されるということも現実に生じている。

　また、解雇についてももっと自由にすべきだという議論も現実になされている。ただでさえ「使い捨て」の状況で、これ以上規範を後退させては、ますます若者がキャリアを健全に積むことができなくなってしまう。

　法律を使うことは、自分の権利を守るだけでなく、こうした社会のあり方を変えていく営為でもある。市民社会においては、何が「正しいこと」なのかは、実際に争うなかで決まってくる。ブラック企業はどこまで若者を使い捨てにしてよいのか、個別企業の利益のために、社会全体の生産性を犠牲にしてよいのか――これらの問いにたいしては、実際に争うことで「線」を引いていくしかない。法律を使い、権利を行使し、社会をよくしていく。ブラック企業の是正は国の正しい政策に加え、一人ひとりが白紙の「市民社会」に新しい線を引き、豊かにしていくなかでこそ可能なのだ。

終わりに――「ブラック企業」という言葉から見える展望

この本の最後に、「ブラック企業」という言葉が示す展望について記しておきたい。3章で示したように、就職活動の競争をつうじて若者は劣悪な労働条件を受け入れる精神を植え付けられてしまう。ところが、3章で示した私たちの調査では、「絶対に就職先としない」理由の項目で、「ブラック企業」との噂がある」についてだけは、就職活動を経ても割合が減少せず、むしろ上昇したのである。つまり、「ブラック企業」だけは、受け入れないというのだ。

大学三年生の男性で六五・六%が「就職先としない」としていたのにたいし、四年生では六九・〇%となった。「ワークライフバランスが良くなさそう」(四一・四%→三一・〇%)、「離職率が高い」(五五・五%→四六・六%)、「「ブラック企業」だという噂がある」(六五・六%→六九・〇%)、「定期昇給が無い」(三六・三%→二七・六%)、「ボーナスが無い」(四七・三%→三九・〇%)と、労働条件を引き下げられることを受け入れてきた学生も、「ブラック企業」だけは受容しようとしない。

思うに、学生の意識としては、これまでの日本型雇用の想定の下に、「ブラック企業」以外の項目については「正社員になって耐えれば見返りがある」という気持ちが働いているのだろう。不況で多少労働条件が厳しくなっても、それを受け入れれば将来が約束されるはずだという日本独特の意識である。ところが本書で示してきたように、ブラック企業は若者を使い捨て、この「見返り」の部分を裏切るのである。これでは耐える意味がない。こうしたケースがありえること、この裏切りは決して珍しいことではなくなってしまっていることを、「ブラック企業」という言葉は警告している。多くの若者が、この「裏切り」に気づき始めている。ここには新しく市民社会が機能し、健全な日本の産業社会を発展させる可能性が秘められているのではないだろうか。

若者がただ企業に身を任せるのではなく、自ら企業活動の内容を問うことで、企業が人材を育成し、生産性を高め、あるいは環境などの社会的価値を重視し、より効果的な生産活動を展開する展望を開く。「ブラック企業」という批判的な言葉が、こうしたことの端緒になっていくことを期待してやまない。

いずれにしても、本書を通じ、この言葉が発する警告の意味をより多くの方に読み取っていただけることを願うばかりである。

最後に、本書は企画段階から熱心に耳を傾けてくださった旬報社の木内洋育社長、理論的にご助言いただいた木下武男先生をはじめ、多くの方の支援で一冊の本となった。この場を借りてお礼を申し上げたい。

［著者紹介］

今野晴貴（こんの・はるき）

3、6章を担当　http://twitter.com/konno_haruki

1983年生まれ。仙台市出身。NPO法人POSSE代表。

日本学術振興会特別研究員。一橋大学大学院社会学研究科博士課程。

著作に『マジで使える労働法』イーストプレス、2009年など

川村遼平（かわむら・りょうへい）

1、2、4、5章を担当　http://twitter.com/kwmr_posse

1986年生まれ。千葉県出身。NPO法人POSSE事務局長。

東京大学大学院総合文化研究科修士課程。

著作に森岡孝二編『就活とブラック企業』岩波ブックレット、2011年など。

NPO法人 **POSSE**（ぽっせ）

2006年に都内の大学生・若手社会人によって結成され、現在は東京・仙台・京都で活動。

労働相談、労働法教育、調査活動、政策研究・提言、文化企画を若者自身の手で行なう。

2008年12月から雑誌『POSSE』を年4回刊行している。

［**HP**］http://www.npoposse.jp

［**雑誌**］http://www.npoposse.jp/magazine

［**連絡先**］TEL：03 - 6699 - 9359　FAX：03 - 6699 - 9374　MAIL：info@npoposse.jp

［**本部住所**］〒155-0031　東京都世田谷区北沢4―17―15　ローゼンハイム下北沢201号室

ブラック企業に負けない

2011年10月5日　初版第1刷発行

著者――今野晴貴・川村遼平

装丁――佐藤篤司

発行者――木内洋育

発行所――株式会社旬報社

〒112-0015 東京都文京区目白台2-14-13

TEL 03-3943-9911　FAX 03-3943-8396

ホームページ http://www.junposha.com/

印刷――株式会社マチダ印刷

製本――有限会社坂本製本

ISBN978-4-8451-1231-9　C0036